농보즈이르 한다

우네 유타카 | 김형수 옮김

녹색평론사

책머리에

논에서 김을 매던 손을 멈추고 허리를 펴니 고추잠자리 무리가 저를 둘러싸고 있었습니다. 이런 때에, 농부가 되기를 잘했다고 느낍니다.

여기에서 농사의 본질을 볼 수 있습니다만, 현대사회에서는 농사의 표면에만 주목합니다. 게다가 어떻게 하면 농사를 진보, 발전시킬 수 있을까에 관심이 집중되고, 농사의 경제적 가치에만 초점을 맞춥니다. 다른 산업 분야의 종사자와 비슷한 수준의 소득만 얻을 수 있으면 된다는 식입니다.

그러나 애당초 농사를 진보, 발전시킨다는 발상 자체가 틀렸습니다. 농사란 그런 것이 아닙니다.

저는 젊은 시절부터 계속 의문을 가졌습니다. 규모를 확대하고, 생산 효율을 높이는 것이 농사를 위해서 정말로 좋은 것인가 하고 말입니다. 농사의 근대화로 인해서 생명체들이 줄어들고, 농민 특유의 정애(情愛)가 옅어져 가는 것은 무언가 이상한 일이라고 느꼈습니다. 그러나 '농사란 대체 무엇인가', '농사에 있어서 가장 중요한 것은 무엇인가'라고 생각하는 일도 없고, 또 그런 식으로 사고하는 법을 가르쳐주는 사람도 없었습니다.

이러한 '농사에서 중요한 것'을 몸으로 체득한 것은 서른아홉 살에 농부가 되고 나서였습니다. 체득하고 나서야 알게 되었습니다. 그것은 다른 사람에게 전해야 할 필요가 어디에도 없는 것이 었습니다. 농부는 가만히 품속에 안고 있으면 되는 것입니다. 그러니까 지금까지 그것이 표현되지 않은 것도 그럴 만합니다. 게다가 이것은 외부로부터는 보이지 않습니다. 지금까지 농학(農學)의 대상이 되지 않은 것도 당연합니다.

그러다가 저는 문득 "농사란 사람이 천지와 일체가 되는 것"이라고 말한 농민이 있었다는 것을 생각해냈습니다. 그들은 '농사에서 중요한 것'을 "농사의 본질(원리)"이라고 부르면서 필사적으로 표현하려고 했었구나, 하고 겨우 알게 되었습니다. 그들은 농본주의자라고 불렸습니다. 쇼와 초기(1920년대 후반)의 일입니다. 특히 '농사(의 본질)은 자본주의와 맞지 않는다'라는 그들의 발견은, 지금 보아도 다시 놀라고 감탄하게 됩니다. 그러나 농본주의는 이미 농민들에게조차도 잊혀 있습니다.

좋다, 그렇다면 나도 그들을 따라서 농사의 본질을, 농민 내부로부터의 관점으로 체득해서 언젠가 글로 써보자는 마음을 갖고 농사짓기를 계속했습니다. 이 책은 저의 농부로서의 체험과 젊은 시절의 농업개량보급원이라는 외부로부터의 관점, 그리고 농사를 지으며 열심히 해온 '농사와 자연의 연구소'의 활동 성과를 토대로 하고 있습니다. 이 책의 내용이나 표현은 틀림없이 지금까지의 농업론의 상식을 뿌리로부터 뒤흔들게 될 것입니다. 농사의 가치는 식량생산에 있는 것이 아니라, 마을에서, 천지자연 아래에서, 농민으로서 살아가는 것 그 자체에 있습니다. 그리고 그런 농민의 삶이 사회의 모체가 되는 것입니다. 표현을 바꾸자면 '농사란 천지에 떠 있는 커다란 배'인 것입니다. 이 배에는 농민도, 농민이 아닌 사람도, 생명체나 풍경, 농산물도, 축제나 국가 그리고 신(神)도 타고 있습니다.

'농본주의'라는 말을 처음 듣는 사람도 많을 것입니다.

신자유주의라든가 이슬람원리주의 등의 '주의'는 자주 듣습니다. 지금까지는 사상이나 주의라고 하면 외래의 것으로, 지식인이 만든 것이었습니다. 그러나 농본주의는 한 사람 한 사람의 농민이 스스로 발견한 농사의 본질(원리)을, 이것만은 버릴 수 없겠다 하는 것을 표현한 것입니다. 저는 과연 농민에게서 태어난 농본주의에 사람들이 귀를 기울여줄 것인가 걱정이었습니다. 그러나 젊은이들은 농사를 짓지 않는 사람들도 "농본주의는 의외로 재미있는 관점이네요"라고 말해주었습니다.

단카이세대(1947~1949년에 태어난 일본의 베이비붐 세대 – 편집자 주)보다 위 세대의 사람들은 농본주의라고 들으면 파시스트, 초국가주의라는 인상을 받을지도 모릅니다. 그러나 그것은 전후(戰後)에 붙여진 딱지에 지나지 않습니다. 선입견을 버리고, 농본주의자들이 농사를 지으면서 자신들의 육체와 머리로 짜낸 표현의 매력을 직접 접해보기를 권합니다.

이 책에서는 이들 농본주의자들을 인용할 때, 저의 표현으로 바꾼 경우가 많습니다. 어디까지가 과거 농본주의자들의 생각이고 어디부터 저의 사상인지 경계를 알 수 없게 된 것은, 시공을 초월한 농본주의의 대변자가 되기 위한 장치입니다(인용부를 원전 그대로 읽고 싶은 분은 저의 책 《애국심과 애향심》, 《농본주의가 미래를 경작한다》를 참고하십시오).

모내기를 하고 45일이 지나면 마을 전체가 엄청난 수의 고추잠자리로 뒤덮입니다. 논두렁에 앉아 담배 한 모금 피우며 매년 이 풍경을 바라보고 있노라면, 천지는 정말로 유정(생명)으로 가득하다고 느낍니다. 이런 한순간들을 저는 이어왔고, 앞으로도 이어가려고 생각합니다. 이런 심정을 소중하게 여기는 농본주의의 세계로 이제부터 안내하겠습니다.

목차

삶의 유린

— 농민이 보는 현대사회의 이상함

1. 농민이 백년 동안 느낀 위화감

놀라운 사상

이제 농촌에는 논을 가는 소도 말도 없습니다. 저도 소 대신 경운기에 끌려서 논을 갈아엎습니다. 편리하게 되었다고 생각하지만, 소 얼굴을 들여다보는 일도 없고 소여물을 베러 나가는 일도 없어졌습니다. 주위를 돌아보면 작년부터 돌보기를 그만둔 인근 논에는 잡초들이 코앞까지 뒤덮여 오고 있습니다. 마을을 감싸고 있는 산의 경사면에도, 폐쇄된 귤 농장에도, 대나무들이 이리저리 자라고 있을 뿐입니다. 논에 나가도 사람을 보기가 힘듭니다. 하물며 아이들의 모습은 어디에도 없습니다.

어쩌면 지금은 야요이시대에 이 마을에서 농사가 시작된 이래, 농민의 마음이 가장 무기력하고 농지는 가장 황폐하고 시골 풍경이 가장 망가지고 생명체가 가장 적은 시대일지도 모릅니다. 농민들의 생활이 개선되고 농촌이 번영할 것이라는 생각으로 행해 온 일들이 근본적으로 잘못된 것은 아닌가 하고 매일같이 생각하게 됩니다.

이 사회의 발전 방향이 농사와 맞지 않는다는 감각은 최근에 새로 생긴 것이 아닙니다. 예전에도 '근대화·자본주의화는 농사가 걸을 길이 아니다'라고 느낀 농민들이 있었습니다. 그들은 농본주의자라고 불렸습니다. 이미 다이쇼시대로부터 쇼와 초기에 걸쳐서(대략 1910년대부터 1920년대 후반까지를 말함─역주), 당시의 농본주의자들도 이처럼 느끼고 있었던 것입니다. 당시 놀라운 사상이 농촌의 농민으로부터 나왔습니다. 다치바나 고자부로(橘孝三郎)의 다음과 같은 말은 그 대표적인 발언입니다.

"농사는 자본주의와 맞지 않는다. 왜냐하면 농사는 천지자연을 상대하기 때문이다."

당시에는 자본주의를 비판하는 사상으로서 사회주의가 각광을 받고 있었지만, 어차피 그것은 외래의 것이고 농민 내부가 아닌 외부로부터 들어온 것이었습니다. 농본주의자들은 농사일과 농민의 생활 속에서 비롯된 자본주의에 대한 위화감과 혐오감을 사상으로 만들어 사회를 견제했습니다. 그래서 그들은 '농사(農)란 무엇인가'에 대해서 고심했습니다. 그들이 느낀 위기감은 보통의 것이 아니었습니다.

그러나 '왜 농사는 자본주의와 맞지 않는가, 왜 근대화해서는 안되는가'라고 생각하는 농민은 소수였습니다. 현대에도 그러합니다. 농사꾼이라면 누구나 마을에서 천지자연의 품 안에서 조용하게 살다가 죽어가는 것을 바라는 것이 보통입니다. 그런데 예전의 농본주의자들의 일부는 일신의 행복을 버리고 자본주의 타도를 목표로 혁명을 위해서 봉기했습니다(5·15 사건). 그러나 농사꾼이 테러를 할 수 있을 리가 없습니다. 그들은 좌절했고, 전후에는 그들을 떠올리는 사람도 없어졌습니다.

그로부터 이미 80년 이상이 지났습니다. 1920년대 후반에는 국민의 반을 차지하고 있던 농민 수도 지금은 겨우 2퍼센트입니다. 예전에는 국부의 절반을 차지하던 농업생산액은 지금은 국내총생산(GDP)의 1퍼센트에 지나지 않습니다. 그러나 이런 수치들로는 농사의 진정한 위기가 보이지 않습니다. 농사의 위기가 농민들만의 위기라면 보호나 보상 등의 대책을 마련하면 될 것입니다. 그러나 농사가 사회의 모체라고 한다면, 이러한 위기는 우리 사회의 토대를 갉아먹고 있는 것이 됩니다.

농본이란 무엇인가

의외로, 쇼와 초기의 농본주의자들은 '농본주의'라는 말을 별로 사용하지 않았습니다. 다치바나 고자부로는 '농본'이라는 말을 사용하고 싶지 않은 이유로, "사람들의 의식은 시대의 지배를 받기에 땅으로부터 생겨난 사상에는 눈길도 주지 않을 것이기" 때문이라고 말했습니다. 지금도 그렇습니다. 농촌에서 농사꾼에 의해 땅으로부터 태어난 사상은, 설혹 그런 것이 있다고 해도, 그것은 농민의 개인적 세계에서나 통용되는 것이라고 치부해버리는 사람들이 대부분입니다. 사상이라는 것은 언제나 마을의 밖으로부터, 농민이 아닌 지식인에 의해 만들어져 오는 것이라고 생각합니다.

그런데 다치바나가 '농본'이라는 말을 사용한 것은 다음과 같은 경우였습니다.

"인간은 농사(農)를 기본으로 천지자연의 은혜를 받지 않고는 존재할 수 없으며, 미래에도 영구히 그럴 것이다."(《농본건국론》, 1935)

저는 "농사(農)를 기본(모체)으로"라는 이 말에 감동합니다. 그가 말하는 "천지자연의 은혜"라는 것은 식량만이 아닙니다. 천지

속에서 일하는 것, 자연환경과 지역사회, 전통문화도 포함합니다. 다치바나는 '은혜'라는 말을 자주 사용합니다. 여기에 농본주의자의 관점의 특징이 나타납니다. 천지자연의 은혜는 농사가 토대를 이루기 때문에 받을 수 있고, 또 그것을 받게 해주는 농사가 있기 때문에 은혜가 된다는 표현이 중요합니다. 이것이야말로 '농본'이라는 말의 가장 깊은 뜻입니다. 그리고 그것은 자본주의 사회에서 잃어버렸지만, 인간이 본시 갖고 있는 감각입니다.

지금까지 위정자들이 입에 올려온 "농사가 나라의 근본이다"라는 식의 말에는 이러한 감각이 조금도 없습니다. 여기에는 자본주의나 근대화에 맞서고자 하는 기개는 티끌만큼도 없고, 농사를 외부로부터, 높은 곳에서 내려다본, 껍데기만 있을 뿐입니다.

메이지시대까지 거슬러 올라가다

농사와 근대화가 서로 맞지 않는 원인을 찾으려면 메이지 초기까지 거슬러 올라가지 않으면 안됩니다. 물론 그 전에도 농민들은 열심히 일하고 여러 가지를 개선하면서 살았습니다. 그러나 그것들은 내부로부터 일어났습니다. 거기에는 극적인 변화가 있었던 것도 아니고, 천지자연이 급격하게 변하는 일도 없었습니다 (에도시대(1603~1867)를 통틀어 수확량은 크게 늘지 않았습니다).

그런데 메이지시대부터 시작된 '근대화(문명개화)'는 외부로부터 촉발된 것입니다. 농민들이 원해서 시작된 게 아닙니다. 예를 들어, 에도시대까지 농민들은 '해충'이라는 말을 알지 못했습니다. 이 말은 메이지 이후에 해충을 구제하는 기술을 보급하기 위해서 농학자들이 농촌에 퍼뜨린 새로운 개념이었습니다. 당시의 농촌에서 '구제·방제'라는 사고방식이 쉽게 받아들여지지 않은 것은, 그때까지는 천지자연의 은혜는 물론이고 재해도 인간이 받아들여야 하는 것으로 생각했기 때문입니다. 그런데 받아들이지 않아도 되는 천지자연도 있다, 즉 자연의 위협으로부터 벗어나게 해주는 기술이 있고, 그 기술이 농업을 비약적으로 발전시킨다는 주장이 새로이 외부로부터 유입되었습니다. 그리고 그것을 보급하는 근대국가라는 존재가 나타난 것입니다.

그런데 오늘날에는 그러한 주장이 주류를 이루고 있습니다. '자연의 제약'을 과학기술의 힘으로 극복하고, 돈이 되도록 생산을 늘리는 것이 농업의 사명이라는 식이 되어 있습니다. 농업이 다른 산업에 비해 뒤처져 있다고 비판받지 않도록 더욱더 생산성을 높여서 농업도 '성장산업'이 될 수 있다는 것을 증명하라고 채찍질당하고 있습니다.

그러나 이쯤에서 한번 멈추어 되돌아보지 않으면 위기의 깊이가 보이지 않습니다. 왜냐하면 근대화(자본주의화)가 농촌으로 침투하기 시작한 것은 메이지 말기가 되어서였고, 본격적으로 농사에 개입하게 된 것은 전후(戰後)의 일입니다. 또한 농민들의 생활과 정신에까지 침투해서 가치관을 크게 전환한 것은 1960년대였습니다.

예를 들어, 1965년경까지는 농민들은 벼나 채소를 '만든다'고 말하지 않았습니다. '거둔다', '영글었다'고 말했습니다. "올해는 벼를 꽤 거두었다", "잘 영글었다"고 말했지, "잘 만들었다"고 말하지 않았습니다. 이렇게 말이 바뀐 것은 자본주의가 농민과 천지자연의 관계에 영향을 미치게 되고 나서입니다. 농사가 농업기술로 바뀌었을 뿐만 아니라, 정신까지 변화시킨 것입니다.

농사의 산업화는 마침내 농민들의 심리를 천지자연으로부터 은혜를 받는다는 차원에서 자연의 제약을 극복하여 먹거리를 '만든다'라는 단계로 변질시킨 것입니다. 우리는 이러한 과정을 '진보'라고 생각하면서 여기까지 오는 데 100년이 걸렸습니다만, 실은 큰 잘못을 저질러온 것이 아닐까요?

풍경의 변화

풍경을 보면 이 잘못이 확연히 드러납니다. 와타나베 교지(渡邊京二)가 쓴 《사라진 세상의 모습》(平凡社ライブラリー, 1998)은 에도시대 말기에서 메이지 초에 걸쳐 일본을 방문한 외국인의 눈에 비친 일본의 모습을 분석한 것입니다. 우리는 지극히 일상적인 것들에 대해서는 (오늘날에도) 굳이 글로 적어 놓지 않습니다. 특히 매일 보는 마을 풍경 같은 것은 기록해둘 필요도 없습니다. 들에 나가면 바로 눈에 들어오기 때문입니다.

그리고 농사꾼은 풍경 그 자체보다도 풍경으로부터 천지자연의 메시지를 읽어내는 데 더 능숙합니다. 초록이 넘치는 논을 보아도 비료가 조금 부족했나 보다, 하며 농사와 관련지어 생각하지, 잎사귀 색깔의 광채를 표현하지는 않습니다. 그저 느끼고 그것을 가슴에 품고서, 또 잊어버립니다. 그러나 외국인들은 달랐습니다. 그 하나하나에 감동해서 기록을 했고 그 기록을 남겼습니다. 이 책에서 와타나베 교지가 "그들은 당시 일본인의 자연친화적인 생활에 대해 놀라고 찬탄을 금하지 못했다"라며 소개하는 부분들을 조금 인용해보겠습니다.

　　일본인들은 이 얼마나 자연을 사랑한단 말인가. 자연의 아름다움을 이용하는 법을 또 얼마나 잘 알고 있단 말인가. 또한 안락하고, 조용하고, 행복한 생활, 터무니없는 욕심을 갖지 않고, 경쟁하지 않으며, 온화한 감각과 절제된 물질적 만족감으로 가득한 생활을 영위해나가는 방법을 잘 알고 있다.(기메)

　　일본인들은 자연을 사랑한다. 유럽에서는 미적 감각은 오직 교육을 통해서만 길러지고 형성되는 것으로 생각되고 있다. 그런데 일본의 농민은 다르다. 일본의 농민에게 미적 감각은 선천적인 것이다. 아마도 일본의 농민들은 유럽의 농민들보다 미적 감각을 기를 여유가 있는 듯하다. 왜냐하면 일본 농민들은 유럽의 농민들처럼 일에 치여서 살지 않기 때문이다.(휴브너)

1878년에 일본을 방문한 영국인 여성 이사벨라 버드는 일본인 청년을 통역으로 고용하여 매일 말을 갈아타며 도호쿠(東北) 지방을 여행했습니다. 그 여행기가 유명한 《일본 오지 기행》(平凡社, 1885)입니다. 이 책은 당시 일본 농촌의 아름다운 풍경을 풍부하게 묘사하고 있습니다. 그녀는 이 책의 마지막에 구석구석까지 손질되어 있는 논밭 풍경을 칭송하면서 "풀이 덥수룩하게 자란 게으름뱅이의 논밭은 일본에는 존재하지 않는다"고 단언하고 있습니다.

물론 현대의 농민인 우리도 결코 게으름을 피우는 것은 아니지만, 논밭도 삼림도 지금은 황폐해져 있습니다. 지난 100년 동안 일본이라는 국가와 그 농민들은 소중한 것을 버리는 일을 해왔습니다. 그리고 그 원인을 알아차리는 것이 농본주의자의 '감각'입니다. 풍경은 농사가 무상으로 사람들에게 제공해온 것 중에서도 대표적인 것입니다. 풍경의 위기에 마음 아파하는 심정은 농본주의의 재생을 절실하게 원합니다.

자급 대 분업

예전에 제가 살던 규슈의 마을에는 물레방아가 있어서 쌀을 빻았습니다. 염색집이 있어서 실에 물을 들였습니다. 작은 잡화점도 있어서 문방구나 식기, 작은 금속제품들을 팔았습니다. 두부가게도 있었고, 술을 파는 가게도 있었습니다. 그리고 바다가 가까워서 소금은 자급했습니다. '자급'이라는 말이 시골 마을에 들어오게 된 것은 자급생활이 무너지면서 "자급도 중요하다"라는 말이 들려오기 시작할 때부터였습니다. 그 전까지는 자급은 당연한 것이었기 때문에 굳이 그런 말을 쓸 일도 없었습니다.

이제는 농촌에서도 거의 대부분 분업이 되어서, 술도 소금도 옷도 구입하고, 토목공사나 목수일이 필요하면 외주로 맡깁니다. 분업을 하지 않으면 상품이 팔리지 않고 경제활동이 활발하게 이루어지지 않기 때문입니다. 즉, 농사 외의 다른 산업이 발달하지 않으면 자본주의도 발달하지 않고, 사회의 근대화도 늦어지기 때문입니다. 물론 농촌의 생활에서 직접 손으로 긷던 우물에 펌프가 설치되었다고 해서 자본주의의 발달에 기여했다고 생각하지는 않을 것입니다. 그래도 물을 긷던 수고가 덜어지고 그만큼 다른 노동을 할 수 있게 된다면 경제활동은 더 활발해집니다. 이렇게 자본주의화(근대화)는 마치 내부로부터 발생한 것처럼 욕망을 일깨워 자극했기 때문에 성공한 것입니다.

그러나 분업화는 농사의 본질을 파괴해왔습니다. 지금은 모를 사서 이앙기로 모를 내는 농민들이 대부분입니다. 그나마 직접하는 사람은 나은 편입니다. 모내기조차 위탁하는 농민들이 늘고 있습니다.

분업화는 앞으로도 계속해서 진전될 것입니다. 국가가 그렇게 추진하고 있기 때문입니다. 일본 정부가 좋아하는 "농업을 성장산업으로"라는 슬로건은 먹을거리에서만이 아니라 일과 생활에 있어서도 자급을 포기하고 분업을 더욱더 철저하게 만드는 것입니다.

시간이라는 척도

농사를 짓는 제 친구 이야기입니다. 친구의 아버지가 저녁 귀갓길에 일부러 길을 돌아서 한번 더 논을 들여다보려고 했습니다. "아침에 보고 낮에도 봤는데, 저녁이라고 다를 게 있겠어요? 그냥 빨리 집으로 가시죠"라고 친구가 불만스럽게 말했더니, 아버지는 이렇게 반문하셨다고 합니다. "너는 네 자식 얼굴을 낮에 봤다고 저녁에는 보지 않아도 된다고 생각하니? 자기 전에도 보지 않니?"

친구는 '졌다'고 느꼈다고 합니다. 그런데 오늘날 이런 정애(情愛)의 마음은 경시되는 정도를 넘어서 아예 바보 취급을 당하고 있습니다. 농작물을 보살피는 작업은 '관찰을 하는 노동'으로 여겨지고, 그래서 변화가 없다면 생략하는 것이 좋다는 것입니다. 가능하다면 자동으로 촬영하는 카메라로 대체되는 경우도 늘고 있습니다(위성 화면으로 대체하는 시스템도 있습니다).

지금까지 농민들은 농작물에 한없는 애정을 쏟아붓고 열심히 보살펴왔습니다. 그러나 현대에 와서는 그런 것은 "경영감각이 없다"는 혹평의 대상이 됩니다. 노동시간이라고 하는 새로운 감각이 침투했기 때문입니다.

농사일에 몰두하다 보면 어느새 해가 저물고 있습니다. 시간이 가는 것을 잊고, 가족도 잊은 채입니다. 하물며 경제성이나 생산성 같은 의식이 있을 리 없습니다. 이러한 가장 농사꾼다운 경지에 '노동시간'이라는 개념이 찬물을 끼얹어 버립니다. 농사에서 가장 풍요로운 세계를 잘 간직하는 게 아니라 버리라고 장려하는 셈입니다.

이렇게 이야기하면 아마도 "취미로 하는 거라면 몰라도 산업으로서는 안된다"는 반론이 나올 것입니다. 맞습니다. 농사의 가장 중요한 부분이 '취미나 놀이'로 보이는 것이 현대의 특징입니다. 정당하게 평가할 법을 만들지 못했기 때문에 노동시간을 거부하는 세계를 취미나 놀이의 영역으로 치부할 수밖에 없습니다. 한편 그러면서 산업화가 불가능한 '장인의 기술'에 대해서는 더욱더 정신적인 면을 요구하는 것을 보면 기가 막힙니다.

농사는 예전에는 장인의 세계와 닮아 있었습니다. 그러나 일본이라는 국가는 농사를 산업화하여 노동시간과 생산성 등의 자본주의적 척도를 도입한 '근대화'에 성공했다고 착각하고 있습니다. 농본주의자는 줄곧 그 허망함을 비판해왔습니다.

2. 농업과 농사의 다른 점

농사가 농업이 되었다

"농업은 국민의 식량을 생산하는 중요한 산업이다"라는 말에 대해서 아무런 문제를 느끼지 않는 사람들이 대부분일 것입니다. 그런데 실은 이런 식으로 말하게 된 것은 최근의 일입니다.

우선 일본 정부가 본격적으로 식량자급률 향상을 정책 목표로 삼기 시작한 것이 2000년부터이고, 식량자급률 통계를 내기 시작한 것은 1965년부터입니다(1965년의 식량자급률은 칼로리 기준으로 73퍼센트, 2014년에는 39퍼센트입니다. 한편, 칼로리 계산은 1987년에 시작되었기 때문에 이 수치는 거슬러 올라가서 계산한 것입니다). 그 후부터 계속해서 식량자급률이 떨어져왔기 때문에 "농업은 식량을 생산하고 있다"고 일부러 소리치지 않으면 안되게 되었습니다.

다만, 이런 식의 언설의 원형을 찾아보면 1920년대 후반으로 거슬러 올라가게 됩니다. 이 시기에 일본의 공업생산액이 농업생산액을 능가하게 되었습니다(조금 뒤의 통계이지만, 1930년 공업생산액 29억 엔은 농업생산액 22억 엔보다 많습니다).

경제가치의 면에서 마침내 농업은 중심에서 밀려났습니다. 그래서 당시의 농본주의자들은 식량의 경제가치가 아니라 "생명의 양식"이라는 가치를 말하기 시작했습니다.

그러나 에도시대까지 농업의 가치는 영주 입장에서 보면 연공(年貢), 즉 세금으로서 중요했고, 농민에게는 생업이기 때문에 중요했던 것입니다(메이지 중기까지는 농민들이 내는 세금인 지조(地租)가 국세의 절반을 넘고 있었습니다).

'생업'의 본래 의미는 오곡이 풍요롭게 영글도록 하는 일이라는 뜻인데, 어느새인가 '살아가기 위한 일'이라는 의미로 바뀌었습니다. 그런데 여기에 농사의 중요한 가치가 잠들어 있습니다. 농사란 기본적으로 생업이고, 천지자연의 은혜를 받으면서 마을에서 살아가는 것입니다.

농민은 살아가기 위해 논을 경작합니다. 그것은 쌀을 수확하기 위해서일 뿐만 아니라, 천지자연을 지키고 마을공동체를 지키기 위해서, 또 모두의 정신세계를 공유하기 위해서이기도 합니다. 그러한 농사와 농업의 관계를 확실하게 표현한 그림이 다음 페이지의 그림입니다.

농업이란 농사 중에서도 산업적 부분, 즉 돈이 되는 부분입니다. 즉 농사의 극히 일부에 지나지 않습니다. 저는 농사라는 것은 천지자연에 한가로이 떠 있는 커다란 배라고 생각합니다. 이 배에는 사람도, 다른 생명체들도, 그리고 농업도 올라타고 있습니다. 배를 완전히 잊어버린 농업이어서는 안될 것입니다.

농업
농사
천지

농업
H
농업(보트)
농사(모두가 타고 있는 배)
천지

배의 존재를 안다면 그 배를 띄우고 있는 천지자연의 풍요로
움과 아름다움에도 눈을 돌릴 수 있습니다. 그런데 자본주의는
'농업'만 사람들이 주목하게 하고, '농사'라는 배와 천지자연을
보지 못하게 만들려고 합니다.

우리는 농업이라는 보트에 타고 있는 것이 아니라, 농사라고
하는 배에 타고 있는 것입니다.

김매기와 제초의 다른 점

조금 더 구체적으로 설명해봅시다. 오늘날 우리 농사꾼들조차
도 '김매기'보다 '제초'가 더 나은 것이라고 느끼게 되었습니다.
김매기가 제초로 진보한 것이라고 착각하고 있는 사람도 있습니
다. 제초제 개발로 허리가 휠 정도의 중노동이었던 김매기로부터
해방되었다고 진심으로 믿는 사람들도 적지 않습니다. 육체노동
의 경감이라는 관점에서만 보면 반드시 틀린 말도 아닙니다. 그

러나 이런 견해는 매우 왜곡된 관점이며 너무 일면적입니다.

그 이유를 몇 가지 들어봅시다. 우선, 그것은 김매기라는 일의 괴로운 면만을 보고, 거기서 얻는 즐거움이나 그로 인한 충실한 세계는 버리는 것입니다. 김매기를 하기 때문에 풀들의 이름을 부르고, 풀들의 모양새로부터 천지자연을 읽고, 논과 밭의 특성을 파악하고, 생물들의 생사의 감각을 배우며, 무엇보다도 일에 몰두하여 천지자연과 일체가 되는 경지를 체득할 수 있게 되는 것인데, 이런 것들에는 눈길도 주지 않습니다.

김매기만큼 즐거운 일도 없습니다. 농민들이 생명 있는 것들 중에서 풀의 이름을 가장 많이 아는 것이 바로 그 증거일 것입니다. 김매기를 하다 보면 시간을 잊고 몰두할 수 있습니다.

그러나 외부로부터의 눈에는 그저 단순작업으로 보입니다. 혹은, 어린 시절에 억지로 일을 돕게 되면 김매기가 싫은 일이 되어버립니다. 그러나 이것을 내부로부터 보자면, 일을 하면서 "올해도 많이 자랐구나", "벌써 꽃을 달았네", "뿌리가 잘 내렸다", "벌레가 잎을 먹었구나"라는 식으로, 풀들과 이야기하면서 김매기를 하게 되기 때문에 단순작업으로 보는 관점과는 전혀 다른 세계를 느끼게 됩니다. 김매기가 '농사'이고, 제초가 '농업'이라고 말할 수도 있습니다.

근대적인 학문은 대부분 외부적 관점에 의거하고 있습니다. 그렇게 하면 농업은 잘 보이겠지만, 농사의 세계는 보기가 어렵습니다. 그렇기 때문에 내부로부터 보는 시선을 기록하고, 그것을 사상으로 만드는 사람이 필요합니다.

3. 농사를 꼭 자본주의에 맞춰야 했는가

어느 쪽이 맞았나

다치바나 고자부로와 거의 동시대를 살았던 도쿄대학 교수 도바타 세이치(東畑精一)가 1936년에 쓴 《일본 농업의 전개 과정》(岩波書店, 1931; 農文協版, 1978)의 한 부분을 요약해보겠습니다.

농민은 오랫동안 변하지 않는 일을 해왔기 때문에 농업에 대해서는 경험적으로 충분히 잘 알고 있다. 만약 사회의 변화가 없다면 이런 반복되는 일을 계속하기만 하면 된다. 여기에는 '머리가 필요한' 일은 없고, 또한 어떠한 경제학적 과제도 없다. (중략) 그러나 현실은 근대화, 자본주의화가 급속하게 진전되고 있고, 이 자본주의적 경제방식에 적응하지 않으면 안된다.

이것은 농민들을 바보 취급하는 말은 아닙니다. 다만 자급적인 농사로부터 벗어나서 근대화와 자본주의의 발달에 뒤처지지 않는 농업을 만드는 것이 '농학'의 역할이라고 주장하고 있는 것입니다. 이 도바타의 의견을 농민들에게 들려주면, 대부분의 농민들이 "현대에도 적용되는 말"이라며 긍정적인 반응을 보입니다. 농본주의자가 패배한 원인과 결과가 바로 여기에 나타나 있습니다. 도바타는 그 후 일본 농학의 주류를 대변하게 됩니다.

한편, 도바타와 같은 시대를 살았던 농본주의자 다치바나 고자부로는 자본주의를 어떻게 보고 있었을까요?

농민들을 품고 있는 천지자연의 품은 자본주의사회를 살아가는 것과는 그 사정이 너무나도 다르다. 아무리 둘러봐도 천지자연 속에서는 교환가치라고 하는 자본주의적 척도는 찾을 수 없다.(《일본 애국혁신본의》, 1932)

다치바나는 농사를 지으면서 천지자연 속에서 경제적 가치를 추구하는 것은 타락이라고 생각했습니다. "자본주의는 농사와 맞지 않을 뿐만 아니라, 땅에 등을 돌리고 농사의 토대를 파괴한다. 왜 그럴까, 그리고 어떻게 하면 이를 멈추게 할 수 있는가"에 대해서 고심했습니다. 그리하여 이를 실증적으로 이해하기 위한 학문을 만들려고 했습니다. 즉, 농사의 본질(원리)을 지키기 위한 학문을 목표로 했던 것입니다.

한편, 일본의 농학은 자본주의의 발달 과정에서 농업이 뒤처지지 않도록, 자본주의에 발맞춰서 발전하는 길을 추구했습니다. 도바타는 전후에 농정심의회와 세제(稅制)조사회 회장을 역임하면서 일본의 농정에 큰 영향력을 발휘한 인물입니다.

그런데 도바타와 같은 사람들이 목표로 했던, 자본주의에 뒤처지지 않는 농업의 근대화·산업화는 과연 성공했을까요? 오늘날의 일본 농촌의 쇠퇴는, 일본 농학 성립의 대전제에 의문을 품게 만듭니다.

도바타에게 결정적으로 결여되어 있는 관점은, 오랜 세월 변하지 않은 농사일을 '머리를 필요로 하지' 않는 단순작업으로 보는 점에서 잘 드러납니다. 역시 농학(그리고 농정)은 당시에도, 지금도 농민의 일을 외부적 시선으로밖에 볼 수 없는 것입니다.

농사짓기가 경영이 되었다

이러한 흐름은 지금도 변하지 않았습니다. "경영 노력이 부족
하다", "경영 능력의 향상이 과제다"라는 말들이 기업 경영자들
만이 아니라 농민들한테도 사용되게 되었습니다. 어느샌가 농사
가 '경영'하는 것이 되고, 농업 경영이란 소득이나 이윤의 액수
로 평가되며 비용과 생산성으로 측정되는 것이 당연하게 되었습
니다. 누구도 소득, 비용, 노동시간 등, 근대화의 척도들을 적용
하는 데에 아무런 거부감을 느끼지 않게 되었습니다. 이는 농업
이 완전히 자본주의화된 결과입니다. 그리고 우리 농민들도 이런
척도로 농사를 보게 되었습니다.

우리는 생산비용이 줄어들면 당연히 가격도 내려야 하고, 생산
량이 적으면 가격이 높은 것이 당연하다고 생각합니다. 또 싸고
품질이 좋다면 꼭 지역에서 생산된 것이 아니라도 좋듯이, 농산
물이 상품화되면 농산물 역시 당연히 선택의 대상이 됩니다. 공
업제품들은 이미 오래전부터 싸고 품질 좋은 물건들이 외국에서
수입되어 우리는 그 혜택을 보고 있습니다. 농산물도 그렇게 되
어야 한다고 모두들 생각하는 것 같습니다.

또한 다른 산업과 경쟁하게 되는 것도 "어쩔 수 없다"고 생각
하고 있습니다. 그러나 농본주의자는 분연히 "농사와 다른 산업
을 같이 보지 말라"고 이의를 제기해야 합니다. "농사만은 특별
하다, 농사만은 자본주의 시장경제에 맞추어서는 안된다"라는

논거를 제시하고 국민을 설득하지 않으면 안됩니다. 새로운 농본주의자는 바로 이런 일을 하려고 하는 것이기 때문에 매우 힘든 길을 갈 각오를 하지 않으면 안됩니다. 농사꾼으로서 경제적 이익을 누리기 위해서가 아니라, 자본주의로부터 버려지고 있는 농적 삶 자체를 위해서입니다.

천지는 유정(목숨이 있는 것)으로 가득합니다. 게다가 이런 생명체들은 인간도 포함해서 서로 의존하면서 같은 세계(공동체)에 속해서 살아가고 있습니다. 예를 들어, 논에 발을 들여놓는 순간 일제히 움직이는 올챙이를 보면, '올해도 만났구나'라고 느끼게 됩니다. 이런 감각으로 이해하는 세계를 저는 '천지유정의 공동체'라고 부릅니다. 지금까지 공동체라고 하면 인간만의 세계로 한정해온 것을 반성하고 극복하고 싶어서입니다.

농본주의자는 수많은 농사일을 하면서 경제·경영보다 유정(생명체들)을 생각합니다. 경제 같은 것을 잊었기 때문에 비로소 일이 즐거워지는 것입니다.

정치나 학문이 건드리지 못하는 농사

'농정'이라는 말이 있습니다. 국민국가가 되면 농민의 인생은 농정의 영향 아래에 놓인다는 착각에 빠지게 됩니다. 환태평양경제동반자협정(TPP)으로 대표되는 경제의 세계화를 추진하는 것도 국가이고, 그 악영향을 최소한으로 제어하는 것이 농정이라는 식으로 말합니다. 터무니없는 소리입니다. 이런 식으로, 가장 중요한 것들은 '정치'가 결정한다고 신앙처럼 믿게 된 것도 불과

100년 정도 된 일입니다.

농정과 그 바탕이 되는 농학은, 농사 중에서 산업화된 부분, 즉 농업밖에 다루지 못합니다. 앞에서 소개한 도바타 세이치의 주장처럼 농사를 자본주의화하기 위해서 농학이 발전해왔기 때문입니다. 그런데 다치바나 고자부로는 이렇게 말하고 있습니다.

> 학문은, 자연과학이건 사회과학이건, 전부 도시에서 형성된다. 지금껏 농촌을 토대로 해서 농촌에서 태어나 자란 학문을 나는 알지 못한다.(《농촌학》)

우리는 논의 생명체들 중에서 자주 눈에 띄는 동물 150종을 목록으로 만들어 논의 생물지표로서 제시했습니다(동물 전체가 되면 2,668종이 됩니다). 그런데 지표를 선정하고 나서 다시 조사를 해보고 놀라운 사실을 알게 되었습니다. 이 중에서 103종(69퍼센트)이 일본 국내 어딘가에서는 멸종위기종으로 지정되어 있었던 것입니다. 식물이라면 그 비율이 더 높아질 것입니다.

문제는 농민들도 이런 사실을 조금씩 눈치채고 있지만 중대한 일이라고 여기지 않는다는 것입니다. "천지자연은 그렇게 허약하지 않다"라고 낙관하는 사람들도 있을 테지만, 많은 사람은 달리 방법이 없다고 체념해 버리려고 합니다. 만약 이것이 수확량 감소나 품질 저하 같은 문제라면 바로 원인 규명에 착수할 것입니다. 그런데 천지자연의 파괴에 대해서는 왜 진지하게 대응하려고 하지 않는 걸까요? 농사가 산업화되면 이렇게 됩니다.

게다가 더욱 심각한 문제가 진행되고 있었습니다. 예전의 농민
(현재 90세 이상의 농민) 중에는 생물(동식물) 이름을 600종류 정도
알고 있는 사람들이 많았는데, 지금의 농민들은 150종류 정도밖
에 알지 못합니다. 천지자연과 직접 접하는 일이 줄어든 것이 원
인입니다. 직접 손으로 작업을 할 때는 이름을 부르고 풀의 성질
이나 이용법도 잘 알았지만, 제초제를 살포하게 되자 풀들은 더
이상 이름을 부를 대상이 아닌 것이 되었습니다.

농정이나 농학도 냉정한 것입니다. 논에 어떤 생물들이 살고
있는가를 제대로 알아보려는 연구는 지금까지 거의 없었습니다.
만일 농사의 자본주의화를 멈추게 하는 학문이나, 농사의 자본주
의화를 통해서 소멸되는 세계를 규명하려는 학문이 있었다면, 경
제가치가 없는 세계도 훨씬 더 풍부하게 연구되고 표현되며 평가
되었을 것입니다.

천지자연은 유정으로 가득하기 때문에 비로소 자연스러운 세
계입니다. '살아 있는 것들은 늘 마땅히 풍부하게 있는 게 좋은
것'이라는 감각은 농민이 어린 시절부터 시골에서 자라면서 자
연스럽게 체득하는 관점과 감성을 토대로 합니다. 이런 관점과
감성이 현대사회에서 위기에 노출되어 있습니다.

4. 농사에 성장을 요구하지 말라

경제가치가 없는 '은혜'

'농본주의란 무엇인가'라는 질문에 대해서, 저는 '농업을 농

사로 되돌리는 것'이라고 대답합니다. "그러면 옛날로 돌아가자는 말입니까?"라는 질문이 나옵니다. "아닙니다, 농사 중에서 근대화해서는 안되는 세계를 지키면서 살아가자는 것입니다"라고 저는 다시 답합니다.

농사란 농지[大地]를 통해서 천지자연을 갈고 닦아서 그 은혜를 받는 것입니다. 천지자연은 경제가치가 있는 것만을 은혜로 주는 것이 아닙니다. 별다를 것 없는 풍경, 어디에나 있을 법한 고추잠자리, 풀숲에서 올라오는 여름철의 후끈한 열기, 먹지도 못하는 뱀딸기를 보여주기도 합니다. 도저히 '은혜'라고는 할 수 없는 것들이 압도적으로 많을 것입니다. 그러나 그렇기 때문에 좋은 것입니다. 만일 모든 것에 경제가치가 있다면 들에 돈다발이 잔뜩 깔려 있는 것 같아서 역겨워지고, 차분해지지 못하는 것은 물론이고 정신이 이상해질 것입니다.

은혜의 대부분에 경제적 가치가 없어서 좋은 것입니다. 다행이라고 해야 할지, 자본주의는 모든 은혜에 손을 뻗치지는 못했습니다.

여기서 다시 한번 다치바나 고자부로의 말을 떠올려봅시다.

"천지자연의 은혜는 농사를 기본으로 해서만 받을 수 있다."

"천지자연 속에서 아무리 두리번거려도 경제가치는 보이지 않는다."

그래서 천지자연, 그리고 농사가 좋은 것입니다. 경제가치가 없어도 언제나 당연하게 있는 것들이 바로 우리 인생을 조용히 지탱해주고 있습니다. 농사란 그런 것입니다.

시골에서는 너무나 당연해서 의식조차 하지 않는 것들이 여행을 하면 눈에 뜨입니다. 신선하게 보입니다. 그리고 문득 타처의 사람들 눈에는 내가 사는 곳도 그렇게 보일지 모른다고 느꼈을 때, 의식하지 못했던 가치를 자각할 수 있게 됩니다. 위기가 도래했을 때 보이는 것이 결코 아닙니다. 이러한 여행자와 같은 시선을 가지고 농본주의자는 농사를 발견해 나갑니다.

진정한 위기란

"식량위기가 도래하면 식량의 소중함을 알 것이다"라는 주장은 저는 질이 나쁘다고 생각합니다. 어떤 대학교수가 강의시간에 학생들에게 '식량위기는 오지 않을 것'이라는 주장을 했더니 대부분의 학생들이 "그렇다면 대체 왜 농학부에 왔는지 모르겠다"며 혼란스러워했다고 합니다. 농업은 식량을 생산하는 산업이다, 그래서 결정적일 때 그 진가를 발휘할 것이다, 라는 잘못된 생각을 많은 사람들이 공유하고 있습니다.

농민들도 "결정적인 순간에 농업의 가치를 알게 될 것"이라고 발언합니다. 이것은 사상적 퇴폐입니다. 분명히 일상에서는 너무도 당연해서 보이지 않는 가치가 비정상적인 상황이 되었을 때 보이는 것은 자주 있는 현상입니다. 우리 주변의 자연이나 풍경을 잃어버리게 되었을 때, 마치 가슴에 구멍이 난 것처럼 느끼면서 상실감에 괴로워하게 됩니다. 그러나 잃어버리기 전에 잃어버린 상황을 상상해서 위기감을 갖기는 어렵습니다.

하지만 바로 그렇기 때문에 매일 바라보고 느끼며 생활하는 실감을 다시금 '가치'로서 인식하는 것이 중요하지 않을까요? 다시 말해서, 기아상태로 내몰리기 싫기 때문에 나날의 식사의 소중함을 자각하는 것이 아니라, 일상의 전혀 새로울 것 없는 식사 그 자체의 가치를 실감하지 못하기 때문에 결정적인 순간을 굳이 꺼내는 것이 아닐까요?

진정한 가치는 별것 아닌 일상에 존재하며, 진짜 위기는 올지 어떨지도 모르는 미래의 결정적인 순간, 즉 비일상적 순간이 아니라 일상에 숨어 있습니다. 그것을 우리는 볼 수 있어야 합니다.

오늘날 농사의 진정한 위기는, 농사를 인간의 욕망에 맞추고 있다는 것 아닐까요? 오늘날 사람들은 아무렇지도 않게 "올해는 서일본에 고온 현상이 지속되어 쌀의 품질이 좋지 않기 때문에 맛있는 동일본 쌀을 권해드립니다"라고 광고합니다. 또 TPP에 반대한다고 하면서 국내에서는 생산지 간 경쟁에서 이기는 것이 당연하다고 말합니다. "자본주의사회에서 사는 이상 어쩔 수 없다"라는 논리야말로 농사의 진정한 위기의 원인입니다. 농민조차 이렇게까지 자본주의를 받아들이고 있습니다.

'근대'에 맞서는 사상

우리는 다치바나 고자부로가 "농사는 자본주의와 맞지 않는다"고 갈파했던 때보다도 훨씬 발달해버린 자본주의사회를 살아가고 있습니다. 이제 인간 행동규범의 대부분이 '경제효과'라고 하는 기준으로 구성되어 있습니다. 이것이 지지를 받고 수용되어 온 것은 현대인의 욕망이 차례차례 실현돼왔기 때문입니다. 그런데 이것은 당연한 현상입니다. 실현 가능한 욕망(상품)만이 제시되어왔기 때문입니다. 한편, 농본주의는 인간의 욕망을 누르는 길을 추구해왔기 때문에 상황이 좋지 않은 것은 어쩔 수 없는 일입니다.

자본주의에서는 경제성장이 불가결합니다. 게다가 그 성장은 파탄이 날 때까지 계속된다고 합니다. 그러나 어디쯤에선가 "이쯤 해두자", "적당히 해두자"라고 생각하는 것이 정상적인 인간 사회가 아니었을까요? 분명 인간의 욕망은 계속해서 비대해지지만, 어딘가에서 그 한계를 발견하고 멈추도록 스스로를 설득하는 것이 보통이었습니다.

천지자연이 계속 크게 변화하는 것은 이상한 일입니다. 만약 해가 다르게 개구리가 늘어난다면 이내 논의 먹이가 고갈되어 버리기 때문에 개구리의 세계는 파탄이 납니다. 그래서 매년 같은 시기에 같은 종류가 비슷한 숫자만큼만 태어나서 자랍니다. 그것을 보고 농사꾼은 안도합니다. 천지자연의 은혜는 이처럼 크게 변화하지 않는 것이 당연했습니다.

"농업도 성장산업이 될 수 있다"라고 선동하는 사람들은 농사의 자본주의화가 천지자연에 상처를 준다는 사실을 생각한 일도 없을 것입니다. '끝없는 성장'을 추구하는 농사 이외의 다른 산업에서는 도산이나 파탄이 일상다반사처럼 반복되고 있습니다. 그런 곳에서 일하는 사람의 피로라는 것은 노동의 강도 때문이 아니라 끝없는 성장을 지탱하지 않으면 안되는 정신적인 부자연스러움에서 비롯되는 것입니다.

인간은 지금까지도 '자연스럽게' 살아가기를 원해왔습니다. 욕
망에 휘둘리지 않고, 욕망을 누그러뜨리고 살아가는 삶의 모범을
천지자연에서 찾고자 한 사람들도 적지 않았습니다. 현대사회에
서 농사에 대한 동경이 강해지고 있는 이유도, 농사에는 자본주
의화할 수 없는 세계가 있다는 사실을 깨닫고 그 점에 사람들이
끌리는 것일 터입니다.

제1장

농본주의의 탄생과 재생

― '농사의 본질'을 찾는 모험

1. 다치바나 고자부로가 생각한 것

농본주의자의 대표

농본주의자라고 불리는 사람들은 많이 있습니다. 그러나 다 개성적이고 각자의 사상에는 제법 큰 폭이 있습니다. 대표적인 사람들을 정리해보았습니다.

이시카와 산시로(石川三四郎, 1876-1956) 귀농자, 도쿄부(府)

이누타 시게루(犬田卯, 1891-1957) 귀농자, 이바라키현(縣)

에토 데키레이(江渡狄嶺, 1880-1944) 귀농자, 도쿄부

오카모토 리키치(岡本利吉, 1885-1963) 귀농자, 시즈오카현

가토 가즈오(加藤一夫, 1887-1951) 귀농자, 가나가와현

가토 간지(加藤完治, 1884-1967) 이바라키현

기무라 쇼타(木村莊太, 1889-1950) 귀농자, 지바현

곤도 세이쿄(權藤成卿, 1868-1937) 후쿠오카현

시로야마 히데오(白山秀雄, 1901-1982) 효고현

다치바나 고자부로(橘孝三郎, 1893-1974) 이바라키현

나가노 아키라(長野朗, 1888-1975) 도쿄부

마츠다 기이치(松田喜一, 1887-1968) 구마모토현

야마자키 노부요시(山崎延吉, 1873-1954) 아이치현

요코타 히데오(橫田英夫, 1889-1926) 니가타현

이 중에서 우선, 제가 보기에 현대에도 통용될 만한 농본주의자인 다치바나 고자부로, 곤도 세이쿄, 마츠다 기이치를 살펴보

겠습니다. 이 세 사람이 농본주의자의 '감각'을 가장 잘 표현하고 있다고 느끼기 때문입니다.

다치바나 고자부로는 1893년에 이바라키현에서 태어나 제1고 등학교(일본의 구제(舊制) 고등학교의 하나로 1949년 이후 신교육제도하 에서 도쿄대학 교양학부로 편입된 고등교육기관 – 역주)를 중퇴하고 고향으로 돌아가 스스로 땅을 개간해서 농민이 되었습니다. 1915 년에 '형제마을농장'(9,000평 넓이로 시작했다가 후에 21,000평으로 넓혔다)을 건설합니다 – 이는 무샤노코지 사네아츠(武者小路實篤) 가 세운 인도주의 공동체 '새마을(新しき村)'보다 3년 앞서는 것입 니다. 그리고 1929년부터 이바라키현 전역에서 '애향회'(주로 농촌 청년 400명 정도가 참가)를 조직하여 협동조합으로도 활동 범위를 넓혀갑니다. 1931년에는 오랜 염원이었던 청년 농민들을 위한 사 설 학교인 '애향숙'을 농장 내에 지어서 개교했습니다. 이렇게 고향에서의 활동은 착실히 궤도에 올라가고 있었습니다.

그러나 1930년부터 이듬해에 이르기까지 '쇼와공황'으로 농촌 은 궁핍해져 갔습니다. 이때부터 다치바나의 사상과 행동은 급격 히 위기감을 드러냅니다. 그리고 1932년, 39세 때 젊은 학생들을 이끌고 군인들과 함께 궐기하여 5·15사건(부패한 정치와 궁핍한 농 촌 현실에 분개한 해군 청년 장교들이 주축이 되어 일으킨 쿠데타 – 역 주)을 일으킵니다.

물론 이 '혁명'을 위한 거사는 실패합니다. 그리고 다치바나는 1934년 무기징역 판결을 받는데, 항소하지 않고 징역을 살다가 1940년에 특별사면을 받아 석방됩니다. 이후 고향에 틀어박혀 지내다가 1974년에 81세의 나이로 세상을 떠났습니다.

여기에서 소개하고자 하는 것은, 1931년에 출간된 그의 주요 저서인 《농촌학(전편)》(후편은 결국 집필되지 않았습니다)과, 1932년의 5·15사건 직전에 인쇄된 《일본애국혁신본의(日本愛國革新本義)》, 같은 해에 출판된 《농업본질론》과 사건 후 만주에서 집필하여 복역 중이던 1935년에 출판된 《농본건국론》입니다. 《농업본질론》은 농민들을 대상으로, 《일본애국혁신본의》는 군인들 앞에서 행한 강연의 기록입니다.

농본주의의 탄생

그러면 다치바나 고자부로의 농본주의 사상의 핵심에 대해서 살펴봅시다.

우리는 오직 천지자연의 품 안에서만 생명의 안락한 고향을 찾을 수 있다. '땅(흙)'은 실로 생명의 근원이다. 땅을 망가뜨리는 자는 모든 것을 망가뜨린다. 우리는 지금 땅으로 돌아가지 않으면 안 된다. 그리고 그 땅의 안정 위에서 모든 것을 다시 짓지 않으면 안 된다. 땅으로 돌아가라. 땅으로 돌아가라. 땅으로 돌아가서 거기서부터 다시 걷자. 그것만이, 농사뿐만 아니라 도시와 전체 국민사회를 구하는 길이다. 오직 그렇게 할 때에만 자본주의를 대신할 후생주의 사회가 탄생할 것이다.

다치바나는 농사를 지으면서 점차 절실한, 깊은 위기감에 휩싸이게 됩니다. 그는 "땅을 망가뜨리는 자 그 또한 망할 것"이라고 되풀이해서 경고하면서도, 한 번도 "땅에서 사는 자는 망하지 않을 것이다"라는 식으로 긍정적인 표현을 쓰지는 않습니다. 그의 사상뿐만 아니라 농본주의라는 것은, 농사가 시대의 흐름 속에서 압살되어 간다고 느끼는 위기감으로부터 태어난 것입니다. 요컨대 땅의 대단함, 훌륭함, 아름다움으로부터 탄생한 것이 아니라, 그러한 땅의 풍요로움을 망가뜨리는 시대와 싸우기 위해서 농본주의는 태어난 것입니다. 물론 농본주의만 그런 것이 아니라 모름지기 변혁사상이라는 것은, 어느 시대에나 현실세계에 대한 분노나 위기감으로부터 생겨납니다.

물론 다치바나가 인간이 돌아가야 할 곳이라고 말하는 '땅'은 단순한 토양을 의미하는 게 아닙니다. 인간이 농사를 지어서 천지자연을 일군 결과로 풍요로운 은혜를 베풀어주는 것의 총체입니다. 천지자연을 대신하는 것, 혹은 농(農)이라고 해도 좋을 것입니다.

> 땅을 응시하는 것은, 거기에서 노동의 수단을 보는 것이 아니라, 천지자연을, 그리고 우리 인간을 보는 것이다.《농본건국론》

농사의 본질인 '땅과 인간 간의 관계의 총체'(천지유정의 공동체)가 사회의 발전에 의해 어째서 파괴되어가는가를 생각해보겠습니다.

이것이 매우 중요합니다. 보통은 '정치'나 '정부'가 나쁘다고 말하는 것으로 결론을 내릴 것입니다. 다치바나는 그렇게도 말하지만, 좀더 깊은 곳에 있는 원인까지 찾아내려고 합니다. 이것이 농본주의자의 특징입니다. '농사란 무엇인가'라는 문제를 깊게, 또 깊게 생각하는 것입니다.

다치바나의 첫 저서이자 주요 저서라고 해도 좋을 《농촌학》에는 '농본주의'라는 말이 나오지 않습니다. 이 책에서는 "자본주의를 대신할 후생주의"라는 식으로 말하고 있습니다. 아마도 이 시점에서는 자신의 사상에 걸맞은 명칭을 찾고 있었을 것입니다. 그리하여 이미 그때 자본주의를 넘어서는 사회를 구상하기 시작했습니다.

여기에 이르기까지 다치바나는 농사에 대해서 위협을 가해 오는 공업에 대해서, 그리고 농촌을 희생시킴으로써 융성하는 도시에 대해서 분석을 했습니다. 그리고 공업에는 없는 것, 도시에는 없는 것을 발견합니다. 다치바나가 논한 "생산 2차성 원리"는 공업과 농업의 차이점의 본질을 꿰뚫고 있습니다.

쌀을 물질로 취급할 때는 경제적, 이성적으로 취급한다. 그러나 양식으로 취급할 때는 벼의 생명력을 애정을 가지고 키운다. 공업은 물질을 대상으로 하고, 농업은 생명을 대상으로 한다. 생산이란 늘 농업과 공업에 의한 이 2차성을 가진다.《농촌학》

이렇게 공업에 대항하는 '생명'이 발견되어 농사의 본질로서 규정됩니다. 농업에는 있고 공업에 없는 것은 결코 식량이 아니라 생명이라는 이 지적은 매우 중요합니다. 식량(쌀)도 물질로 취급될 때에는 양과 가격, 즉 경제가치로 취급되어 자본주의에 흡수되어 버립니다. 그러나 식량(쌀)을 생명으로 보면, 그런 취급은 할 수 없다고 말하고 있는 것입니다. 계속 읽어보겠습니다.

우리가 벼나 소의 생명을 창조할 수는 없다. 우리는 그저 벼나 소의 생명을 지키고, 자연이 명하는 대로 최선을 다해서 손을 보태지 않으면 안된다.《농촌학》

'농민은 농산물을 만들어낼 수 없다'는 이 감각은, 농민이라면 누구나 갖고 있지만 논리화하지는 못하는 것입니다.

천지자연은 인간의 인지를 너무도 초월해 있으므로, 생명의 신비는 합리적으로 설명할 수 없다.《일본애국혁신본의》

합리적인 이성이나 과학으로 설명할 수 없다면 어떻게 하면 좋을까요? 사람의 지혜로 알려고 들지 말고, 그저 천지자연의 품에 안기면 된다고 합니다. 인간중심주의가 아니라 천지의 은혜를 감사하고 받아들이면서 살아가는 삶의 방식이 농민의 감각입니다. '천명'이나 '천수' 같은 말에 친근함을 느끼는 감각입니다.

'생명'이라고 하면 인간의, 그것도 자신의 생명에밖에 관심이 없는 것이 현대의 풍조이지만, 천지자연 속에서는 살아 있는 모든 것에 있는 생명을 실감할 수 있습니다. 같이 살아가는 존재로서, 사람도 천지자연의 일원이라는 감각이야말로 농사의 본질임을 꿰뚫어 보는 게 농본주의의 가장 큰 매력입니다.

적의 정체

다음으로 왜 농사의 본질이 짓밟혀지는지에 대해서 생각해봅니다. 다치바나는 "조국 일본의 이 무서운 병폐화의 화근"은 자본주의의 핵심인 "경제합리주의, 즉 영리주의 정신"인데, 그것은 서양으로부터 온 외래 사상이라고 지적합니다.

> 자본주의적 방법이 아니면 개인은 자신의 영리생활을 수행할 수 없게 되고, 영리생활로부터 멀어져서는 개인의 생활이 성립할 수 없게 되었다. 그와 동시에 지금까지 성숙해온 인간의 조직사회까지 황폐해진 것은 근대 유럽의 정신 탓이다.(《농촌학》)

다치바나는 자본주의와 서양 문명은 표리일체이기 때문에 본질적으로 '파농성(破農性)'을 가지고 있다고 주장합니다. 왜냐하면 자본주의는 땅을 토대로 해서 자연의 품속에서 만들어진 것이 아니라, 땅을 떠나서 자연을 모르는 도시에서 태어난 것이기 때문이라고 합니다. 따라서 서양 자본주의에는 결국 농사를 파멸시키는 성질이 있다고 결론 내리고 있습니다.

당시의 일본에서도 정계나 학계, 사상계에서는 "사회는 농업을 중심으로 하는 상태로부터 공업을 본위로 하는 상태로 나아가는 것이 사회진화의 순리"라고 주장하고 있었습니다. '땅으로 돌아간다'는 것은 사회의 진보에 대한 반동이라고 여겨졌습니다.

한편, 다치바나는 도시문명에 없는 것으로 "천지유정의 공동체"를 주목합니다. 여기서도 사람들의 공동체를 지탱하는 것은 천지자연입니다.

인간은 농본적인 존재이다. 왜냐하면 천지자연의 은혜가 있는 곳에서만 자타의 이해가 완전히 융합하고 일치하는 공동체 생활을 이루어나갈 수 있었고, 그곳에서 인간생활의 심신이 안주할 수 있는 고향을 찾아왔기 때문이다. 이것을 '대지주의', '농본주의' 정신이라고 해도 좋다. 인간이 그 사회생활을 영원히 계속하기 위해서는, 그 공동체 사회를 땅의 기초 위에 세우는 수밖에 없다.(《농본건국론》)

이렇게 다치바나는 농본주의의 핵심에 도달합니다.

일본이 농사 없이는 하루도 존립할 수 없다는 사실은 너무나 근본적이어서 사람들이 자각하지 못한다. 마치 공기와 물의 필요성을 사람들이 자각하지 못하는 것과 마찬가지이다. 사람은 천지자연 덕에 살아가고 있는데, 자본주의사회에서는 사람이 자신의 혼자 힘으로 살아간다고 하는 망상에 빠져 있다. 따라서 자본주의사회에 있어서 농사는 인간 중심의 자본가적 기업 형식으로는 발달하지 못하는데도, 이러한 점을 사람들은 이해하지 못하고 있다.(《농본건국론》)

근대화와 자본주의화에 의해 유린되는 것이 그저 농가의 경제

가 아니라 그 토대에 있는 천지유정의 공동체임을 알게 되었을
때, 즉 '근대'와 '자본주의'로부터 사수하지 않으면 안되는 것이
무엇인지를 깨달았을 때, 농본주의는 반근대·반자본주의 사상으
로 태어나게 됩니다.

5·15 사건

다치바나 고자부로의 농본주의사회 실현을 위한 혁명(궐기)은
1932년 5월 15일 오후 7시부터 한 시간 정도의 짧은 시간에 끝났
습니다. 학생들 중 청년 여섯 명으로 구성된 농민결사대는 군인
들과는 별도로 행동하여 변전소 여섯 군데를 습격, 수류탄을 투
척하지만 그중에서 폭발한 두 곳도 정전까지는 일으키지 못하고,
도주하다가 체포됩니다. "농사꾼들이 사람을 죽이는 짓은 할 수
없으니까, 도쿄를 두세 시간 동안 깜깜하게 만들어보겠다. 그것
이 도시중심주의에 대한 농민들의 습격이라는 사실을 알게 되면
도시 사람들도 조금은 반성할지 모른다"라는 다치바나의 꿈은
실현되지 못합니다.

한편 군인들은 잘 알려져 있듯이 4개조로 나뉘어 오후 5시경
부터 이누카이(犬養) 수상을 사살하고, 마키노(牧野) 내무대신 관
저에 폭탄을 투척했습니다. 그리고 경시청에 들어가 삐라를 뿌린
후 한 시간 뒤에 전원이 헌병대에 자수했습니다.

다치바나는 이 궐기가 실패할 것을 꿰뚫어 보고 있었던 모양
입니다. 그는 학생들이 도망쳐 올 수 있도록 5월 12일에 도쿄를
출발해서 만주로 건너가서 기다렸습니다. 그 후 그의 도피는 2개

월 이상 이어지다가, 훗날 출판되는 책(《농본건국론》)을 완성하고
는 7월 24일에 하얼빈의 헌병대에 자수했습니다.

5·15사건에 대한 세간의 평가는 재판에 이르러서 급변합니다.
이누카이 수상을 습격한 폭도들은 실은 농촌의 궁핍한 참상을 보
다 못해 궐기한 의거였다고 평가받게 됩니다. 이로 인해 마침내
언론은 쇼와공황 후 황폐해진 일본 농촌의 실상을 제대로 보도하
게 됩니다.

5·15사건 당시 궐기했던 청년 장교 중의 중심인물인 고가 기
요시(古賀淸志)는 다치바나의 영향에 대해서 이렇게 말했습니다.

　　다치바나는 우리에게 농촌문제의 실상을 구체적인 숫자를 들어
　설명하고, 그 원인이 재벌의 착취에 있다고 설명했기 때문에, 그때
　까지 곤도 세이쿄의 《자치민범(自治民範)》 등을 통해서 농본주의적
　사상을 추상적으로 이해했던 우리는 비로소 구체적으로 농촌문제
　를 인식할 수 있게 되었고, 농촌을 구제하기 위해서는 자본주의를
　타도하지 않으면 안된다는 사실을 통감하게 되었습니다.(5·15사건
　재판의 심문조서, 1933)

민간의 재판소에서 재판을 받은 다치바나 고자부로는 무기징
역, 학생들인 농민들도 무거운 경우에는 징역 15년, 변전소를 습
격한 청년들도 징역 7년이라는 중형을 선고받았습니다(군인들은
해군의 군사법원에서 재판을 받아서 무거운 경우에도 금고 15년이었습
니다). 다치바나 등은 항소하지 않고 하옥되었습니다. 그들이 감

형을 받아 출옥한 것은 1940년이었습니다.

만일 다치바나가 참가하지 않았더라면 당시에 궐기했던 장교들은 부패한 정치의 혁신을 대의명분으로 삼았을 뿐, 농촌의 구제를 앞세우지는 못했을지도 모릅니다. 또 동시에 이후 농본주의가 파시즘으로 취급당하고, 농본주의자도 파시스트 취급당하는 일도 없었을지 모릅니다. 이 사건 후 일본 정부의 농촌 정책에도 큰 변화는 없었습니다.

혁명에의 길

다치바나 고자부로는 시골에서 '애향회'를 조직하고, '애향숙'을 열어 협동조합적인 활동을 펼쳤습니다. 그런데 왜 혁명을 일으킨 것일까요?

이쯤에서 《사상의과학》 1964년 6월호에 게재된 다케우치 요시미(竹內好)와 다치바나 고자부로의 대담을 소개하겠습니다. 5·15 사건으로부터 28년 뒤의 다치바나의 견해입니다. 다케우치는 제가 가장 물어보고 싶은 질문을 합니다.

다케우치 말씀을 들으니, 그런 밑으로부터의 농민운동이 착실하게 성공해가고 있었는데, 왜 5·15사건을 일으키는 방향으로 가게 되었는지 궁금합니다.

다치바나 확실히 '형제촌'도, '애향숙'도 잘되고 있어서 모두 기뻐하고 있었습니다. 만약 지금까지 계속해왔다면 대단한 것들이 되었겠죠. 그런데 그것들을 깨부수고 감옥신세까지 지게 된 것은 어째서인가 하는 것이지요? (중략) 한번은 초등학교에서 제가 덴마크라든가 협동조합 등에 관해 이야기하고 돌아가는 참에 후루우치 에이지(古內榮司)라는, 이노우에 닛쇼(井上日召)의 문하생을 만났습니다. 더러운 짚신을 끌고 저를 쫓아와서는 이렇게 말했습니다. "선생님, 선생님이 지금 생각하시는 대로 이 사태를 헤쳐나갈 수 있을까요? 다른 방법이 있지 않을까요?" 그리고 이노우에가 오아라이(大洗)에 와 있으니 꼭 만나보라고 했습니다. 이런 상황이 되면 제 성격이, 곤란한 상황에 스스로 먼저 뛰어든단 말입니다.

다케우치 곤도 세이쿄 씨와는 그 전부터도 서로 알고 계셨습니까?

다치바나 아닙니다. 제가 그즈음 곤도 씨의 글을 읽고 존경하게 되어 찾아간 것입니다. 정말 위대한 학자입니다. 곤도 씨는 닛쇼에게 "다치바나에게 이상한 짓을 시키지 마라, 총 같은 걸 들게 해서는 안된다"고 했다고 합니다. 그런데도 왜 그랬는가. 정당, 재벌, 특권계급의 타락, 농민의 빈궁, 군축 문제로 인한 국방의 위기 등, 이대로는 일본이 망하고 농민도 구할 수 없다, 게다가 입으로는 그럴듯한 말을 하면서도 스스로 몸을 던지는 사람이 없었다, 뭐 그런 사정 때문이었던 것입니다.

이노우에 닛쇼는 5·15사건에 앞서서 궐기하려다 미수로 끝났던 '혈맹단 사건'(1932년 2월, 혈맹단이라는 우익 단체에 의한 정당 간부, 재벌 총수 등에 대한 테러, 5·15의 도화선이 되었다—역주)의 주모자입니다. 이들로부터, "당신의 방법으로는 사회는 변하지 않는다"는 비판을 받고, 거기에 수긍했을 때부터 다치바나 고자부로는 실력 행사 쪽으로 경도되어 갑니다.

이것은 매우 중요한 사실입니다. 우리도 시골을 더 좋게 만드는 것보다 국가를 좋게 하는 것이 중요하다고 생각합니다. 근대의 운동이라는 것은 언제나 국가라는 범위로 확대됩니다. 즉, 개인인가 국가인가, 라는 양자택일의 문제가 되기 쉽습니다. "세계 전체가 행복해지지 않는 한 개인의 행복은 불가능하다"(미야자와 겐지(宮澤賢治))라는 것이 당시 좌우익 가릴 것 없이 모든 운동가가 가지고 있던 감정이었습니다. 그리고 이 '전체'가 어느새 '국민 전체'로 되어갔던 것이 쇼와 초기(1920년대 말)였습니다.

그런데 자신의 삶의 방식을 지키고 마을(농촌)을 지켜내는 삶의 방식은, 국익을 추구하는 것에 비하면 보잘것없는 일일까요?

정치라는 틀 속에서 움직이면 읍, 면, 리의 정책보다 시나 도, 나아가서 국가의 정책이 늘 앞서게 됩니다. 그런 식의 발상과 체질에 빠져버리게 됩니다. '사회성이 없다'는 것도 분명히 문제이긴 하지만, 그렇다고 해서 마을을 벗어나 일거에 국가로까지 그 사회성을 확대해버리는 것은 '국민화'된 운동가의 특징입니다.

2. 곤도 세이쿄의 독자성

곤도 세이쿄라는 사람

다음으로 다치바나 고자부로에게 영향을 주었던 곤도 세이쿄를 소개하겠습니다. 그의 사상을 상징하는 '사직(社稷)'은, 제가 이야기하는 '천지유정의 공동체'와 서로 겹쳐집니다.

곤도 세이쿄는 메이지 원년인 1868년에 후쿠오카현 미이군 야마카와무라의 번의(藩醫, 각 번에 소속된 의사) 집안에서 태어나, 젊은 시절에는 '흑룡회'(1901년에 결성된 일본의 대외 침략주의를 주장한 우익 단체―역주) 등에 소속되어 있었고, 1920년에 《황민자치본의(皇民自治本義)》(1926년에 《자치민범(自治民範)》으로 제목을 바꿈)를 출판했습니다.

1920년대 후반부터 곤도는 다치바나 고자부로, 이노우에 닛쇼, 후지이 히토시(藤井齊), 고가 기요시(古賀淸志), 나가노 아키라(長野朗) 등과 교류했습니다. 1931년에 곤도와 다치바나는 처음 만납니다.

곤도는 1931년에 《일본농제사담(日本農制史談)》을, 1932년에는 《군민공치론(君民共治論)》, 《일본의 지진 및 기근에 대한 논고》, 《농촌자구론(農村自救論)》을 출판했습니다.

1932년의 5·15사건 발생 후 곤도는 배후 인물이라는 혐의로 투옥되지만 곧 석방됩니다. 곤도는 군부에 의한 혁명을 부정하면서 동시에 성급하고 안이한 사회개조가 아닌 견실한 사직자치(社稷自治)로의 복귀를 주장했습니다. 중일전쟁에 대해서도 일관되게 반대하였고, 1937년에 죽었습니다.

사직(社稷) 사상

오늘날 우리는 아무렇지 않게 '지방'이라는 말을 씁니다. 시골에 살고 있는 저 자신도 그렇게 말합니다. 하지만 이것은 중앙인 '국가'로부터의 관점입니다. 자신의 고향을 무심코 지방이라고 말해버리는 감성은 '국민'의 특징입니다.

마찬가지로 농민들도 "일본 농업을 둘러싼 상황이 좋지 않다" 라거나, "일본의 식량자급률이 낮다"는 식으로, '일본'이라는 단위로 말합니다. 이것도 우리 농민들이 국민화되어 있다는 증거입니다. 국민화 자체는 피할 수 없었을지도 모르겠지만, 그러한 사실을 자각하지도 못하는 것은 문제입니다.

그러나 메이지, 다이쇼, 쇼와 초기를 살았던 곤도 세이쿄는 달랐습니다. 곤도는 그때까지의 농촌(마을)의 자치를 무시하고, 서양을 모델로 삼은 강고한 중앙집권적 국민국가를 만들려고 하는 당시의 정부에 대해 단호히 이의를 제기했습니다. 국가보다 '사직'(농촌 자치 공동체)을 우위에 두고, 사직이 있고 나서 비로소 국가라는 주장을 편 것은, 근대의 제도에 대한 의문이 매우 강했기 때문입니다.

즉, 마치 애초에 국가가 있었던 것처럼 국가권력을 휘둘러서 마을의 자치를 파괴하고, 전국을 획일적으로 근대화, 자본주의화함으로써 자연에 몰두하여 유유자적 살아가는 농민들의 삶을 방해하는 체제를 그는 진심으로 혐오했던 것입니다.

예전에 일본에는 국가라는 관념은 조금도 없었다. 농민을 기본으로 한 농민 공치(共治) 조직이 예로부터 있어온 일본의 국체 혹은 제도였다.《일본농제사담》)

만약 세계가 전부 일본이 된다면 일본이라는 국가 관념은 필요 없어질 것이다. 하지만 사직이라는 관념은 없앨 수가 없는 것이다. 국가란 세계지도를 색으로 나눈 것이다. 모든 국가가 국경을 철폐해도 인류가 존재하는 한 사직이라는 관념이 소멸하는 일은 없다. 이것이 내가 사직을 뺀 국가를 인정하지 않는 이유이다. 민중의 자치를 무시하고 나라를 다스릴 수는 없다.(《자치민범》)

즉, 국민국가는 근대에 탄생한 인위적인 구분에 불과하지만, 사직은 태고로부터 자연적으로 발생한 것으로 결코 사라지지 않는다는 것입니다. 이는 'nationalism'(애국심)이 국가적인 교육을 통해서 심어지는 것임에 반해서, 'patriotism'(애향심)은 마을생활 속에서 습득되어 가는 것이라는 점과도 대응합니다.

이 주장은 분명하고, 당시에도 지금에도 신선한 주장입니다. 사직이 있고서 국가가 있는 것이지, 결코 그 반대가 아니라는 이 주장은 애향심을 이용해서 '국익'을 외치는 일본 정부의 내셔널리즘을 향한 비판이었습니다.

그런데 이 '사직'이라는 말은 사람들에게 익숙하지 않은 단어입니다. 곤도는 "'사(社)'라는 것은 우리가 사는 땅을 이름이요, '직(稷)'은 오곡을 가리키는 이름이다"라고 그 정의를 소개한 후 그 내용에 대해서 다음과 같이 말하고 있습니다.

본래 사직에는 세 가지의 규범이 있다. ①하늘을 따르고 ②땅에 순종하며 ③사람들 간의 화합을 도모한다.(《자치민범》)

즉 사직은 사람이 살고 생활하는 천지와 사람 사이의 관계의 총체를 가리키는 것입니다. 사람만의 공동체도 아니고, 또 토지만을 포함하는 것이 아니라 천지자연과 서로 교류함으로써 안도감 속에서 지속하는 마을=세계의 총체인 것입니다. 이것은 '천지유정의 공동체'라고 바꿔 말해도 좋습니다. 그러나 메이지 이후의 일본이라는 근대적인 국민국가가 이런 세계관이나 제도를 채용할 리가 없습니다.

이 사직의 모델은 곤도가 말하는 고대가 아니라, 에도시대의 촌락공동체였을 것으로 보입니다. 왜냐하면 자치를 확보한 농촌이 출현하는 것이 근세이고, 정착되는 것은 에도시대 초기이기 때문입니다. 곤도는 분명 봉건시대의 좋은 점을 자세히 알고 있었습니다. 농민과 장군, 혹은 영주와의 관계는 연공(소작료)을 바치는 관계일 뿐으로, 마을은 무사계급과는 관계없이 자치가 이루어지는 곳이었습니다. 그러나 곤도는 에도시대의 막번체제를 비판해왔기 때문에 사직이 에도시대를 모델로 한 것이라고는 절대로 말할 수 없었을 것입니다.

자치란 무엇인가

곤도 사상의 가장 큰 매력은 사직의 존재방식으로부터 '자치'를 끌어내어 중앙집권 국가를 비판했다는 점입니다.

자치를 뺀 사직은 없다. 또 사직을 인정하지 않으면 자치도 없어진다. 무릇 나라의 통치에는 예로부터 두 종류의 방침이 있다.

그 하나는, 백성들의 자치에 맡기고 군주는 모범을 보이며 백성들이 감화를 받도록 하는 데 머무르는 것이다. 그 둘은, 만사를 군주가 직접 관장하고 감독하는 것이다. 전자를 자치주의라 하고, 후자를 국가주의라고 한다.(《자치민범》)

지금 우리나라의 농촌은 피폐했다기보다 쇠퇴하여 망하기 직전의 상황이다. 그 원인은 중앙집권, 관료제에 의한 권력의 지배로 사직의 관념이 사라졌기 때문이다. 따라서 대책은 원래대로 돌아가는 것이다. 즉, 사직을 주된 원리로 하는 자치로 복귀하는 것이다.(《자치민범》)

다만, 곤도가 말하는 '자치'는 현재의 자치와는 그 양상이 상당히 다릅니다. 곤도가 생각한 것은, 사직 안에서 개인의 자유는 절대적이고 무한한 것이 아니라 오히려 다른 사람을 배려하는 마음이 강해지고, 천지를 위해서 일하고 모두 결속하는 삶입니다. 그러기 위해서 각자의 자제력이나 마을의 구속력이 없으면 자치는 가능하지 않으며, 자치가 이루어지지 않으면 자주할 수 있는 힘도 일어나지 않고, 질서도 지켜지지 않을 것이라고 그는 지적합니다.

곤도는 토지도 개인의 소유를 인정해서는 안되고, 에도시대처럼 마을의 소유로 해야 한다고 말합니다. 또 국가 소유로 해서도 안된다고 했는데, 이는 사직을 중시하는 곤도다운 생각입니다. 와타나베 다카시(渡邊尚志)의 《농민의 힘》(柏書房, 2008)에는, 이러한 곤도가 주장하는 바를 뒷받침할 만한, 현대의 관점에서 보면 경악할 만한 사례가 소개되어 있습니다. 즉, 에도시대의 어느 마을에서는 이농해서 마을을 떠나는 사람은 집과 전답을 마을에 무상으로 반환하지 않으면 안되었다는 것입니다. 경작하고 있을 때는 자신의 땅이라 하더라도, 농사짓기를 그만두면 땅을 마을의 소유로 돌리는 규칙이 있었기 때문입니다.

우리는 땅은 공유지와 사유지가 있을 뿐이라고 생각합니다. 그러나 이것은 모두 근대적인 소유형태에 지나지 않습니다. 농사를 지을 때는 사적인 점유를 인정하지만, 농사를 그만두면 마을의 것, 즉 모두의 것으로 되돌린다는 이 전근대적인 사람과 농지의 관계는 사람과 천지자연의 관계와 유사합니다.

국가 대 시골

어찌 되었건, 사직의 자치가 없으면 국가도 성립하지 않는다는 주장은 매력적이지만, 그 결과 어쩔 수 없이 메이지 이후 국민국가의 중앙집권, 국가주의, 관치조직과는 대립하게 됩니다.

자치를 중앙집권의 분권으로 보는 것은 본말이 전도된 것이다. 인류사회는 원래 의식주, 즉 사직을 기초로 촌락의 자치가 이루어지고, 촌락의 자치가 확장되어 군현의 자치가 되고, 이를 기초로 외국을 대하게 되면 국가가 되는 것이다.(《자치민범》)

곤도는 국가와 사직(마을, 시골, 지방) 사이에 커다란 골이 생긴 원인이 근대적인 국민국가에 있다고 보았습니다. 천황을 등에 업은 '국체' 정신으로 미쳐 돌아가는 시대 속에서 곤도가 이렇게 독자성을 유지할 수 있었던 것은 그가 봉건제도를 악으로 규정하는 근대화 교육을 받지 않았고, 사쓰마와 조슈의 무사들이 지배 권력을 독점한 국민국가 자체를 혐오했기 때문입니다. 그리고 그는 또 서양의 사상도 배웠기 때문에, 일본 고래(古來)의 제도와 서양을 비교해서 자신의 주장을 강화한 것으로 보입니다.

현재의 마을공동체는 에도시대의 마을공동체와는 비교도 할 수 없을 만큼 약화되어 있습니다. 마을에는 토지의 소유권도 없고, 정치적 실권도 없습니다. 국가나 지자체에 내는 세금도 에도시대에 비해 많을 정도입니다. 그리고 무엇보다도, 근대화와 자본주의의 침투로 인해, 천지유정을 느끼고 교감하는 인간의 능력이 쇠퇴했습니다.

문제는 여기서부터입니다. 마을의 가치로 국민국가의 가치에 대항할 수 있을까요? 곤도는 '사직'을 역사적으로 창작하여 국가에 대항하려고 했지만, 곤도에게 부족했던 것은 현실의 마을 속에서 사직을 재건하는 운동론이었습니다. 곤도의 시선은 지나치게 국가에 쏠려 있었던 것입니다.

오늘날 우리는 곤도의 이 사직이라는 사상을 더욱더 깊이 파고들어 '마을(시골)의 사상'으로 강화해 나가지 않으면 안될 것입니다. 제가 '천지유정의 공동체'를 중심으로 마을의 사상을 생각하는 것은, 사직을 움직이는 자치의 토대에 인간과 천지자연과의 관계를 두고 싶기 때문입니다. 그렇게 하지 않으면, 절대적인 힘을 가진 현대의 국민국가에 맞설 수 없을 것입니다.

오늘날 '국민국가'라는 단위는 더욱더 강화되고 있습니다. 그러나 한편으로는 스코틀랜드와 바스크 지방에서 독립운동의 열기가 강해지고, 오키나와와 일본 정부 간의 대립도 날카로워지고 있습니다. 우리는 국민화되어서 국민국가를 당연한 것으로 보고 있는 우리 자신과 시골을 다시 한번 돌아볼 필요가 있습니다.

3. 마츠다 기이치의 삶

대부분의 농본주의자들은 공통적으로 '농사짓기'에 대해서 한없이 심취하고 무한한 애정을 가집니다. 이 점의 중요성을 실제 경험을 통해서 잘 표현한 농민을 소개하겠습니다.

마츠다 기이치는 1887년 구마모토현 마츠바세마치에서 태어나, 1968년 81세의 나이로 사망했습니다. 사설 학교 '마츠다농장'은 예전에 규슈에서는 모르는 농민이 없을 정도로 유명했습니다. 그는 1920년 33세 때 구마모토 현립 농사시험장에서 퇴직하고서 곧 '히고농우회실습소'를 개설합니다. 그의 저서 《농혼과 농법》(日本農友會出版部, 1951)에는 "농업 개량을 외치는 사람이라면 일본에 수도 없이 많다. 그러나 실제로 땅을 직접 갈고, 이론보다 증거를 보이면서 개량을 촉진시키려는 사람은 거의 없다. 내가 이것을 해 보이겠다"라는 결의가 적혀 있습니다.

그러나 그는 좌절합니다. "드디어 직접 손을 대보고는 새삼스레 놀랐다. 농사는 밖에서 보는 것처럼 그렇게 쉬운 일이 아니었다." 처음의 농장은 몇년 만에 그만두게 됩니다. 그러나 이후에 그가 보여준 근성은 보통이 아니었습니다. 마츠다는 간척지로 장소를 옮겨서 다시 도전하여, 여러 차례의 고난을 극복하고 졸업생 2만 명, 2박 3일의 단기 강습회에는 많을 때는 6,000명이 모일 정도의 사설 학교를 일구어냅니다. 이 학교는 1968년까지 존속했습니다.

마츠다는 반복해서 주장합니다. "농업을 좋아하고 즐기는 사람이 되라"고 말입니다. 그 비결은 이런 것입니다(이하 특별히 언급이 없는 한《농혼과 농법》에서 인용한 내용입니다).

농작물이 매우 잘되어가고 있다. 아침에 일어나면 곧장 살펴보러 간다. 좀 전에도 막 보고 온 참이다. 한두 시간 사이에 그리 변하는 것이 아니라는 걸 알면서도 보러 간다. 저녁에는 일부러 보러 간다. 이렇게 농작물에 혼을 뺏겨 아침에는 일어나지 않고는 배길 수가 없어서 일찍 일어나고, 낮에는 시간이 아까워 놀고 있을 수 없어서 일한다.

아침에 일어나는 것이 힘들지도, 일하는 것이 고통스럽지도 않은 것은 무엇 때문인가. 농작물에 마음을 빼앗겨 자신을 잊고 상대방 본위가 되었기 때문이다. 이것이야말로 망아(忘我)의 경지에서 작물을 기르는 '농혼(농사의 정신)'이다.

이러한 농사에 대한 몰입의 즐거움인 망아(忘我)의 마음 상태를 전후의 농업교육에서는 무시해버렸습니다. 농사(農)의 세계에 관한 정신론을 말하는 사람이 거의 사라진 시대에, 마츠다는 홀로 우뚝 서 있었던 것입니다. 그리고 바로 여기에 농본주의의 원리가 있습니다. 마츠다는 1967년에 출판한 《농업을 좋아하고 즐기는 사람이 되는 비결》에서 이렇게 이야기합니다.

지금 시대에 특히 필요한 것이 '농혼'입니다. 지금은 옛날과 달리 둘러보면 어디나 봉급을 받는 사람들로 넘쳐나고, 고생하지 않고 화려한 생활을 하는 사람도 많으며, 학생시절부터 월급쟁이의 세계로 이끌리는 유혹이 널려 있습니다. 아무리 뛰어난 이론이나 기계화 농업의 길이 열리고 또 소득이 높아져 생활수준이 올라가도, 이 도도한 세상의 유혹에 농사꾼이 되는 게 싫어집니다. 그것이 인지상정입니다. 하지만 농사를 좋아하고 즐기는 사람이 되면 농사일의 괴로움이 일절 사라지고, 일이 도락이 됩니다. 일하는 것이 도락이니 '노동시간 단축'은 오히려 사양할 일이고, 특히 '그 어떤 오락보다도 농사짓는 일이 더 큰 즐거움'인 사람에게는 일요일이나 공휴일도 쓸모없습니다.

마치 농부에게는 놀이도 휴일도 필요 없다고 말하려는 것 같습니다. 그러나 마츠다가 생각한 것은 '근대화된 노동'이 아니라 근대화 이전의 농사가 갖고 있었던 깊은 세계였습니다. 현대사회에서 농본주의가 부활할지 어떨지는 사람들이 이 깊은 세계의 매력을 얼마나 이해하느냐에 달려 있습니다.

마츠다 기이치의 발언이나 저작에는 결코 '노동'이라는 말이 나오지 않습니다. 노동이라는 말을 하자마자 농사일이 근대적 노동이 되고 경제적으로 환산되어, 마츠다가 말하는 세계는 보이지 않게 됩니다.

농사에 몰입하면 '나'를 잊어버립니다. 이 망아의 경지야말로 마츠다가 말하는 농본주의의 뼈대입니다. 마츠다가 말하는 '농혼'은 두 가지로 전개됩니다.

하나는 국가권력으로부터의 도피 혹은 거리를 두는 삶의 방식입니다. 이것은 "해가 뜨면 일하고 해가 지면 쉰다. 우물을 파서 마시고 밭을 갈아 먹는다. 제왕의 권력이 무엇인가, 나는 모른다"(중국 고대의 격양가)와 같은 생활이 실현될 것 같은 착각을 일으킵니다. 이는 분명 국가가 보이지 않는 착각 속의 경지일지 모르지만, 이런 세계가 있다면 사회의 주류에 등을 돌리고도 살아갈 수 있을 것으로 생각됩니다.

그래서 위정자 등이 사이비 농본주의를 이야기할 때, 혹은 농사의 혼이 무엇인지도 모르는 인간들이 "농사는 나라의 근본"이라는 둥 말하면서 농민이나 청년들을 독려하려 할 때, "그런 수법은 통하지 않는다"라고 내뱉을 수도 있었습니다.

농사짓기의 핵심인 '망아(忘我)'

또 하나의 전개 방향은, 근대적 경제가치에 대해 반격을 하기 위해 전통적인 '천지관(天地觀)'을 다시 구축하는 것입니다.

농작물은 하늘의 은혜를 받아 자란다. 즉, 농작물이 익어가는 것은 '하늘'과 '땅'의 힘에 의해서인 것이다. 사람은 그저 (천지자연을) 거들 뿐이다. 따라서 수확물에 대해서는 하늘과 땅에 감사하지 않으면 안된다.

'농업기술'은 사람이 자연을 상대로 해서 농작물을 '만드는' 것이지만, 농사짓기는 '손을 보태는 일'에 힘쓸 뿐입니다. 농작물을 키우는 주인공은 하늘과 땅이기 때문입니다.

마츠다의 저서에는 '자연'이라는 단어가 거의 나오지 않습니다. 그 대신에 '천지'라는 말을 사용합니다. 자연과 천지는 같은 것을 가리키는 것으로 보이지만, 관점이 완전히 다릅니다. 천지와 사람은 하나가 될 수 있지만, 자연과 인간은 별개로 나뉘어져 있습니다. 천지는 사람을 감싸고 있지만, 자연은 인간의 외부에 있어서 대상화되어 있습니다. 요컨대 '자연관'과 '천지관'은 서로 다른 것입니다.

명사 '자연'은 메이지 20년대(1887~1896)에 'nature'의 번역어로서 당시까지 '자연스럽다'라는 의미로밖에 사용되지 않던 부사의 '자연'이라는 표현에 새롭게 의미를 부여한 말입니다. 에도시대에는 'nature'에 해당하는 일본어가 없었다는 사실은 매우 중요합니다. 우리들의 선조는 인간과 자연을 나누지 않고 인간도 자연도 포함하는 '천지'라는 단어밖에 사용하지 않았던 것입니다. 그런데 지금도 많은 일본인들은 자연이라는 단어를 천지(인간도 포함하는)라는 말 대신에 사용하고 있습니다.

마츠다 기이치는 자신을 잊고 천지와 하나가 되는 경지로서, 바꿔 말하자면 전통적인 '천지관'으로써 자본주의경제에 대항하려고 했던 것입니다.

그러나 농본주의가 부활하기 위해서는 농본주의의 최대 원리인 '천지에 대한 몰입'이라고 해야 할 농사일의 기쁨과 그 근본이 되는 '천지관'만으로는 무언가 부족한 듯합니다. 그러면 그 부족한 것을 찾아보도록 합시다.

4. 농본주의의 이론화

옛 농본주의자의 사고방식

농본주의를 부활시키기 위해서는 '농사의 본질(원리)'이라는 발상이 어디서부터 나온 것인지를 다시 한번 되돌아볼 필요가 있습니다. 농업의 쇠퇴를 시대의 흐름이나 자본주의의 발달에 따른 현상, 농정의 실패 등으로 이해하는 것은 누구나 생각할 수 있는 것입니다. 좀더 깊이, 농사에서 가장 중요한 것이 유린되고 있다는 감각을 가진 사람이 농본주의자인 것입니다.

농본주의자는 외부로부터의 시선만으로는 납득이 되는 답을 얻지 못한다고 생각합니다. 그래서 안으로부터의 시선으로, 즉 자신의 농사꾼으로서의 경험을 가지고, 그 감각과 감성, 정감을 가지고 해답을 찾는 수밖에 없다는 자각을 한 사람입니다. 그리고 그것을 모두를 위해 표현하려 할 때, 외부로부터의 시선도 필요하다고 생각합니다.

한 가지 덧붙이자면, 농본주의자는 농사를 '농사의 본질', 혹은 '농사의 원리'로써 이론화하려고 하는 열정을 가진 사람입니다.

다치바나 고자부로는 농사에 전념하는 한편으로 '애향숙'을 열어 농민 청년들을 교육했습니다. 자신의 근거지를 출발점으로 하여, 자본주의의 맹위를 저지하기 위해서 '농사란 무엇인가'라는 문제를 궁리하면서 이를 이론화·사상화하려고 한 것입니다.

그것은 '모두를 위한' 일입니다. 다치바나가 처음부터 사회 전복 같은 것을 생각했던 것이 아닙니다. 상공업만 번창하고 농사의 중요성에 대해서는 거들떠보지도 않게 된 현실에서, '농사란 무엇인가'를 깊고 풍요롭게 표현하여 우선 농민들에게 알리려고 했던 것입니다. 여기에 농본주의자의 특징이 잘 나타납니다.

그러기 위해서는 농사를 자본주의체제에 편입해버리는 '농학'이 아니라 '들(野)의 학문'을 새롭게 구상해야 했습니다. 그래서 집필한 것이 《농촌학》(전편)이었습니다. 그러나 다치바나가 그 책의 후편을 쓰지 못한 것에서 알 수 있듯이, 그 '들의 학문'은 완성되지 않았습니다.

농민의 '학문'

그러면 다치바나는 어떻게 '농사는 자본주의와 맞지 않는다', 즉 '자본주의에 의해 농사의 본질이 파괴된다'는 것을 깨닫게 된 것일까요? 내부로부터의 관점만을 가지고 이를 알 수는 없습니다. 그가 새로운 '학문'을 만들고자 한 것은 외부로부터의 관점도 필요하다는 것을 알았기 때문입니다.

사회변혁운동을 일으키기 위해서는, 이를 움직이게 할 정신과 그 정신을 관통할 주의(主義)가 불가결하다. 이 정신과 주의는 학문이 그 기초가 되지 않으면 안된다. 농민들에게 결여된 것이 있다면, 바로 농민정신과 농민주의를 기를 만한 학문이다.《농촌학》

지금의 저라면 다치바나의 말을 이렇게 풀어보겠습니다.

지금껏 농민들을 위한 학문은 없었다. 그러나 농민이 시대에 대
해 품게 되는 위화감과 혐오감을 표현하지 않으면 운동으로 이어
지지 않는다. 주의(主義)로서 표현할 때 많은 사람들의 공감을 얻을
수 있다. 그러나 농민의 감각은 어디까지나 내부로부터의 관점에
의한 것이기에 좀처럼 표현되지 않는다. 자기만 알고 있으면 되기
때문이다.

한편 기존의 학문은 외부로부터의 시선, 즉 과학적이고 합리적
인 관점뿐이다. 따라서 진정한 농사의 본질을 표현할 수 없고, 또
그것을 지키지도 못한다. 그래서 농사의 본질에 대해서, 외부로부
터의 관점을 빌려 농민들 내부로부터의 시선과 합쳐서 모두를 위
해 표현해보는 것이다. 그 표현이 단련되고 심화되어 가면 농사의
본질을 이론화·사상화할 수 있게 되고, 현대사회에 어떻게 대처하
면 좋을지가 명확해진다. 농민들의 '주의'가 되는 것이다.

다치바나가 '학문'을 받아들이는 방식은 학자들과 다릅니다.
또 보통의 농민들과도 다릅니다. 보통의 농민들은 학문 같은 것
을 바라지 않습니다. 그러나 당시의 농학은 어떻게 농업을 자본
주의체제 속에서 뒤처지지 않게 할 것인가라는 사명을 띠고 있었
습니다(현재에도 크게 다르지 않습니다). 그래서 다치바나는 '농본주
의'와 '농사의 본질(원리)'의 기초가 될 '새로운 학문'을 스스로
만들 수밖에 없었습니다. 그러기 위해서, 그는 이렇게 단언하고
있습니다.

이러한 농촌의 황폐화와 이처럼 사회가 심각히 병든 원인을 올바로 파악하기 위해서는, 시대가 준비한 학문에 충실할 것이 아니라 사실을 밝히는 진상 규명에 충실해야 한다. 이론에 사실을 끼워 맞추는 것은 절대 가능하지 않으며, 전문적인 학자의 학문을 배울 필요도 없다.(《농본건국론》)

그리고 다치바나는 자신의 농촌생활의 경험을 통해서 똑바로 현실의 참된 모습을 보고, 이를 보충하기 위해서 통계수치 등 외부로부터의 관점도 활용하여 이것을 사상화하여 모두를 위한 '학문'을 만들려고 했습니다.

저는 여기서, '내부로부터의 시선'과 '외부로부터의 시선'을 융합하여 기성 학문과는 다른 차원으로 끌어올리려 한 다치바나의 방법론을 봅니다. 그에게 있어서 학문은 농민의 세계를 이론화·사상화하기 위한 도구, 방법이었던 것입니다.

많은 학문이 처음 만들어질 때에는 이와 같이 개인의 통절한 동기로부터 탄생합니다. 대부분의 학자들은 기존의 학문의 궤도 위를 달리며 새로운 식견을 덧붙이기만 하면 되었습니다. 그러나 '들의 학문'은 그 길을 새롭게 만들어나가지 않으면 안되었습니다. 이는 현실을 보다 깊고 넓게, 그리고 길게 파악하고자 하는 그 동기의 절실함과 더불어, 모두를 위해서라는 사명감이 있었기 때문에 비로소 가능했던 일입니다. 제가 '농민학'을 제창하고, 이를 만들어 나가고자 하는 것도 같은 뜻입니다(《농민학 선언》, 農文協, 2011 참고).

'농본주의'라는 말

다치바나 고자부로나 곤도 세이쿄 그리고 마츠다 기이치도 의외로 '농본주의'라는 말을 사용하지 않습니다. '농본', 즉 '농사는 천하의 근본(뿌리)'이라는 말은 오래전부터 자주 인용되었습니다. 그것은 원래 《한서》〈문제기(文帝紀)〉의 문장을 그대로 옮긴 것으로 일본의 독자적인 사상은 아닙니다. 그러나 이러한 '농사는 나라의 근본'이라는 사고방식은 위정자의 관점으로서 오늘날까지 이어진 것입니다.

예전에는 농사는 조세의 원천이었고, 근대가 되어서도 지조(地租)를 징수할 수 있었던 국부(國富)로서 중요했습니다. 다치바나도 "쇼와 2년(1927)의 쌀 생산액은 17억 엔으로 쌀은 우리나라 농업생산의 중심일 뿐만 아니라 전체 생산의 중심이다. 생사 생산액은 8억 엔, 견직물은 7억 엔이다. 한편 철이나 석탄 생산액은 도저히 여기에 미치지 못한다"라고 하고 있으니, 1920년대 말에는 여전히 농산물의 경제적 가치(국부)가 '농적 가치'의 큰 부분을 구성하고 있었습니다.

따라서 위정자가 말하는 '농사는 나라의 근본'이란, 조세의 원천, 즉 국부로서 중요하다고 말하는 것에 지나지 않습니다. 농민의 인생에 입각한 농본주의는 그것과 전혀 다른 것이라고 해야 할 것입니다.

'농본주의'라는 말이 처음 나온 것은, 요코이 도키요시(橫井時敬)가 1897년에 발표한 〈농본주의〉라는 논문인 듯합니다. 요코이는 공업 중심의 '공본주의'로는 농민이 희생이 될 것이라는 위기감을 가지고 국가가 농본주의를 채택할 것을 주장합니다. 어디까 지나 학자의, 외부로부터의 시선이기 때문에 깊이는 없습니다. 다만, 그 후 공업이 융성하여 '공본주의'라는 말조차 필요가 없 어져 사라지고 농본주의만 남게 된 것은 상징적입니다. 자본주의 사회에서 공업에 대한 대항 사상으로서 태어날 수밖에 없었던 농 본주의의 슬픔이 계속 이어지고 있는 것입니다.

5. 농본주의의 3대 원칙

지금까지 소개한 세 사람 외에도 농본주의자는 많이 있습니다. 여기서는 그들이 발견한 '농사의 본질(원리)' 가운데 가장 중요한 것으로, 현대에도 통용된다고 제가 생각하는 것을 세 가지만 간 단하게 설명하겠습니다.

근대화 비판, 탈자본주의화 — 제1의 원리

농본주의자는 "농사는 본질적으로 산업화, 자본주의화, 경제 성장과 화합할 수 없다"고 간파했습니다. 왜냐하면 농사의 상대 인 '살아 있는 것들'(논밭, 작물, 생명체)은 '경제'와 관계없는 것이 기 때문입니다. 애초에 '생산성'이라는 개념도 공업화에서 생긴 것으로서, 산 것들의 '생명'에는 이질적이고 이상한 것입니다.

자본주의는 '끝없는 성장'을 필요로 합니다. 그러나 농사는 인 간의 욕망을 추구하는 것이 아니라, 천지자연의 커다란 품속에서 그 은혜를 나누어 받는 것입니다. 한편 농업의 근대화는 천지의 은혜가 사람이 원하는 대로 되지 않는 것을 '자연의 제약'으로 보고, 그 은혜의 증대를 '자연에 대한 극복'이라고 합니다. 그 교만함이 온갖 곳에서 천지자연에 상처를 입히고 있습니다.

그러나 근대사회는 농민들에게 이런 것을 요구했고, 많은 농민들은 또 이에 부응하려고 노력했습니다. 그리하여 농본주의자들은 이제 더이상은 천지유정의 공동체를 파괴해서는 안된다고 목청을 높이고 있는 것입니다.

농본주의자 다치바나 고자부로는 자본주의를 비판하기 위해서 맑스를 많이 읽었지만, 이른바 '노동'과 '농사일'은 본질적으로 다르다는 것을 깨달았습니다. 농사일은 돈이 되지 않는 것까지 만들어냅니다. 그리고 이것은 사람이 만드는 것이 아닙니다. 만드는 주체는 천지자연입니다. 여기에서야말로 자본주의를 넘어선 세계의 가능성이 분명하게 보이는 것입니다.

다음으로, 인간의 삶 또한 본질적으로 근대화될 수 없는 것이 아닌가라는 생각입니다. 농사를 이른바 '성장산업'으로 만들려고 하는 시도는 어느 누구보다 가장 천지자연의 품 안에서 살아온 농민들에게서 그 '인간다움'을 빼앗는 일이 된다는 게 농본주의자들의 주장의 하나입니다.

시골이 있어서 나라가 있다 ─ 제2의 원리

시골 마을들은 메이지 이후 일본이라는 국민국가가 만들어지기 전부터 존재했습니다. 국가가 먼저 있었던 것이 아닙니다. 일본이라는 국가는 태평양전쟁에서 패배했지만 시골, 자연, 산과

강은 그대로 남았습니다. 그야말로 "나라는 망해도 산하(山河)는 그대로"였습니다. 패배한 일본인들은 국가로 돌아온 것이 아니라 고향의 산하로, 가족에게로 돌아온 것입니다.

근대의 국민국가는 '교육'을 통해서 강력히 '국민화'를 추구했습니다. 그리고 국가가 경제적으로 번영해야 국민도 행복해지고 지방도 번영한다고 가르쳤습니다. 그러나 이것은 주객이 전도된 것입니다. 시골 마을이 풍요롭고 아름답기 때문에 나라도 풍요로워지는 것입니다.

요컨대, 애국심과 애향심은 서로 다른 것입니다. 애향심은 애국심이 없어도 성립하지만, 애국심은 애향심 없이는 성립하지 못합니다. 현대인들은 이 사실조차 까맣게 잊고 있습니다.

게다가 진정한 '자치'는 '천지유정의 공동체'의 테두리 내에서만 성립할 수 있습니다. 지방자치단체가 자치의 주체라고 말하는 것은 커다란 잘못입니다. 농촌 마을공동체야말로 자치의 주체입니다. 실은 '지방'이라는 명칭 자체가 '중앙'에 예속되어 있다는 증거입니다.

근대 국민국가는 봉건시대를 부정하고 서양의 근대화 사상 위에 성립되었지만, 봉건시대에는 국가보다도, 번(藩)보다도, 시골의 마을이 세계의 중심이었습니다. 농본주의자는 이 점에 입각해서 국민국가를 극복하려고 합니다.

자연에 대한 몰입이야말로 농사일의 본질 — 제3의 원리

급속하게 공업이 발달하는 시대(다이쇼 연간(1912~1926)에 공업생산액이 농업생산액을 웃돌게 되었습니다)에 농민들조차 공업으로, 도시로 빨려 들어가는 풍조에 농본주의자들은 위기감과 혐오감을 갖게 되었습니다. 그래서 농사를 구할 사상적 근거를 필사적으로 찾아서 '농사란 무엇인가'라는 질문에 대한 결정적인 답에 도달하게 됩니다.

저는 시간을 잊고, 자기 자신을 잊고, 고민도 잊은 채 경제 따위는 안중에도 없이 농사일에 몰두하고 있을 때가 가장 행복합니다. 그리고 문득 정신을 차리면 나는 천지자연에 둘러싸여 있습니다. 아, 어느새 해도 저무는구나, 하고 깨닫습니다. 바로 이런 인생이야말로 가장 인간다운 것임을 농본주의자들은 발견했던 것입니다.

오늘날에는 사람이 사는 보람이 실종되었습니다. 인생도 경제적 가치로 재단하게 된 결과 '비용 대비 효과'라는 원리가 교육 분야에까지 적용되고 있습니다. 사태는 점점 더 심각해지고 있습니다. 농민뿐만 아니라 모든 사람에게 있어서 일이란 전부 효율과 생산성만을 요구하는 '노동'으로 변질되어, 모든 사람이 소외감에 휩싸여 살고 있습니다.

여기에서 탈출하는 길은 자연에 대한 몰입, 천지의 품에 안기는 것입니다. 바로 이것이 오늘날의 젊은이들에게는 신선하게 보이는 모양입니다. 지금 적지 않은 젊은이들이 농사에 매력을 느끼는 것은 바로 이러한 이유 때문입니다.

이 외에도 농본주의의 특징적인 사고방식이 많이 있는데, 그것들에 대해서는 뒤에서 더 이야기하겠습니다.

6. 농본주의의 재생

농본주의가 사장된 이유

전후에 농본주의가 매장되어버린 가장 큰 이유는, 농본주의가 파시즘의 모체가 되었다고 비난을 받아왔기 때문입니다. 만주사변(중일전쟁)이 시작되면 일본 국민은 점차 전시체제로 편입되고, 농본주의 사상도 다른 사상들과 마찬가지로 '국체(國體)' 사상에 흡수되어 갑니다. 그러나 곤도 세이쿄는 중일전쟁에 단호히 반대했고, 다치바나 고자부로는 만주와 몽고 개척과 이민에 반대했습니다. 그러니까 농본주의만 전쟁에 이용된 것은 아니었습니다.

농본주의가 파시즘과 혼동되고 있는 가장 큰 원인이 5·15사건에 있는 것은 명백해 보입니다. 전후에 어느 누구보다도 먼저 농본주의를 비판했던 마루야마 마사오(丸山眞男)의 주장에 귀를 기울여봅시다.

일본 파시즘 이데올로기의 특징으로서 농본주의적 사상이 상당한 우위를 점하고 있다는 점을 꼽을 수 있다. 그래서 본래 파시즘에 내재된 경향, 즉 국가권력을 강화하고 중앙집권적 국가권력을 통해서 산업, 문화, 사상 등 모든 면에서 강력한 통제를 해나가려고 하는 경향이, 지방 농촌의 자치에 주안을 두고 도시의 공업생산력 증대를 억제하려고 하는 (농본주의적) 움직임에 의해서 거꾸로 견제되는 결과가 되어버리는 것, 이것이 일본 파시즘의 하나의 큰 특색이다.(《일본 파시즘의 사상과 운동》, 1947)

마루야마는 농본주의의 '자치 중시', '농업 중시' 측면은 제대로 보면서도, 국가권력에 의해 이용된 측면만을 너무 과도하게 지적하고 있습니다. 역사에서 보듯이 전쟁 전후를 막론하고 일본이 농본주의 국가가 된 적은 한 번도 없습니다. 하물며 농촌의 자치에 의해 국가의 정책이 제어되는 일은 전혀 없었습니다.

마루야마도 위 논문의 후반부에서는, "파시즘이 관념의 세계로부터 현실의 세계로 내려오면서 농본 이데올로기도 환상이 되어간다. 그것이 우익세력, 그중에서도 특히 군부 이데올로기의 비극적 운명이었다"고 말하고 있습니다.

그러나 농본주의가 '환상'이었다면 어떻게 일본 파시즘 사상의 중심이었다고 말할 수 있을까요? 농본주의는 결코 파시즘의 중심이었던 것이 아닙니다. 오히려 국가에 대항한 반체제운동이기도 했습니다. 그러나 마루야마는 그런 측면을 보려고 하지 않았습니다. 마을에서, 흙에서 태어난 농본주의의 측면에는 눈을 감고, 5·15사건 등 급진적인 파시즘운동적 측면만을 다루었습니다. 그러나 농본주의자들은 국가에 의해 처형된 일은 있어도 국가에 등용된 적은 없습니다. 그런데도 왜 그렇게만 보는지, 저는 마루야마에 대해 근본적인 의문을 갖고 있습니다.

전후에는 마루야마식의 파시즘 이해가 일반에 수용되었고, 그리하여 농본주의는 파시즘적 속성을 가진 것으로 간주되기에 이르렀습니다. 그리고 지금까지 전후 70년 동안 몇 번인가 농본주의를 재평가하려는 저술도 있었지만, 그다지 성공적이지 못했습니다. 그 이유는,

①농본주의가 반국가주의, 반근대주의, 반자본주의, 원리주의, 반인간중심주의로서 확고하게 자리매김하지 못했기 때문입니다.

②농본주의를 농민의 시점에서 보려고 하는 관점이 없었기 때문입니다.

③농본주의를, "농사는 나라의 기본" 등과 같은 슬로건으로부터 해방시키지 못했기 때문입니다.

이제부터 농본주의를 되살려내려면 농본주의가 왜 한번 쇠락했는지를 제대로 분석하지 않으면 안됩니다. 실은 마루야마 등의 지식인들의 비판에도 불구하고, 농본주의운동은 전후에도 살아남아 계속되었습니다. 규슈에서 마츠다 기이치가 세운 '마츠다농장'과 같은 사설 교육기관이 융성했던 사실도 그것을 말해주고 있습니다.

그런데 '마츠다농장'은 왜 성공했을까요? 마츠다는 국가와 대립하지 않고, 전후 민주주의를 평가했기 때문입니다. 또한 사회의 근대화, 자본주의화에 대해서는 농사일의 망아(忘我)의 경지로써 대항했습니다. 그야말로 최후의 결전에 임하는 듯한 기백이 느껴집니다.

그러나 "누구나 샐러리맨을 부러워하는 시대가 되어도 자연과 하나가 될 수 있는 일은 농사꾼밖에 없다"라고 하는 농본주의는 고도 경제성장기를 맞이하여 개인주의와 인간중심주의가 세상을 뒤덮고, 농산물도 천지의 은혜로 만들어지는 것이 아니라 (인간이) 만드는 것으로 보는 세계관으로 전환해가는 가운데 일단 사회에서 자취를 감추게 됩니다.

따라서 농본주의가 쇠락한 주된 원인은 물욕을 추구하는 자본주의적 가치관이 맹위를 떨쳐왔기 때문이라고 봐야 합니다. 경제적 가치를 잣대로 농사를 보는 사상이 천지자연의 품에서 인간이 영위하는 삶과 그 정신세계를 몰아냈기 때문입니다. 농사의 가치를 합리적이고 과학적인 시점으로 파악하려는 관습이 농촌에 침투한 것입니다.

이처럼 예전의 농본주의자들이 주창했던 반근대, 반자본주의의 가치관은 일본이 전쟁에서 패했기 때문이 아니라 고도 경제성장에 의해서 패배당했다고 말해도 좋습니다.

근대화 정책의 어둠

그리하여 이 고도성장의 그늘이 짙어지고, 그 폐해가 나타나기 시작한 무렵부터 농본주의가 부활할 조건이 갖추어지기 시작했습니다. 유기농운동은 농약 중독으로 연간 수백 명의 농민이 죽어간 1950년대 후반이 아니라, 농약에 의한 오염이 모유에까지 영향을 미치게 됨으로써 먹을거리의 안전성이 요구되기 시작한 1960년대 후반이 되어서야 출발할 수 있었습니다.

마찬가지로 생명체들의 격감으로 대변되는 자연환경의 파괴에 대응하기 위한 운동은 1950년대 후반이 아니라 1970년대 후반까지 기다려야 했습니다. 농사라는 것이 식량을 생산하는 행위이기만 한 것이 아니라, 천지자연에 의해 지탱되고 동시에 천지자연을 지탱하는 행위이기도 하다는 인식을 일본 국민들이 갖기 시작한 것은 최근입니다.

그리고 농사일이야말로 천지자연의 품속에서, 인간중심주의를 넘어설 수 있는 경지에 도달하는 것이라고 하는 인식은 다가올 시대에야 비로소 꽃피울 것입니다.

교토대학의 오이시 가즈오(大石和男)는 1970년대 이후의 여러 대안 운동을 "농사 본위의 사상운동"이라고 정리하고, 이를 새로운 농본주의운동이라고 부릅니다. 게다가 이와 비슷한 운동들이 경제성장 지상주의나 과학기술 지상주의가 그 한계에 이른 지금, 세계 각처에서 일어나고 있다고 합니다.

여기서 문제를 명확히 하기 위해서 ①근대화를 '서양의 가치관에 따르는 것'으로, ②자본주의화를 '경제적 가치로 모든 것을 평가하는 것', ③과학화를 '과학적인 사고방식이 옳다고 판단하는 것', ④국민화를 '국익을 우선시하는 것'이라고 풀어서 생각해봅시다.

그렇게 된 결과는, 시골의 농사를 ①전통적인 가치관으로부터 해방시켜, ②경제적 가치를 증대시키는 것이 풍요로움이라고 생각하고, ③농사일에서 정신성을 제거하고, ④자신은 일본이라는 국가의 농업을 구성하는 부분이라고 착각하게 된 농민들이 증가한 것이 전후의 일본 사회였다는 사실을 알 수 있습니다.

그런데 현재에는 농사를 ①시골의 풍토 속에 다시금 위치시키고, ②돈이 되지 않는 가치인 아름다움에 감동을 받고, ③자연을 정복하는 과학기술을 행사하는 산업이 아니라 천지자연에 등을 돌리지 않는 행위로 이해하고, ④국민국가 속의 위치로 인식하는 것이 아니라 시골 마을을 구석구석 지탱하는 생업이라고 생각하게 된 사람들이 늘어나고 있습니다.

유기농과 저농약 운동, 자연농법, 도농 직거래 운동, 지산지소(地産地消), 지역학, 농민학, 신규 참여, 정년귀농, 전원생활, 반농반X, 집락영농, 환경세 제안, 기본소득운동, 농업체험, 농사학교, 생명체 조사, 농사를 통한 정신과 치료 등을 관통하는 '농사의 본질'을 품으려는 시도가 조용하게 퍼지고 있습니다.

농사는 자본주의와 어울리지 않는다고 하면서 자본주의 너머에 대해서 농본주의자들이 상상력을 펼쳤던 그 기분을 우리도 역시 이어나갈 수 있게 되었습니다.

과거의 농본주의를 다시 한번 되살리고자 하는 저의 의도를 지금까지 설명했습니다. 자본주의가 어떤 최후를 맞이할지 저는 모릅니다. 그러나 자본주의의 모순은 앞으로 더 심화될 것입니다. 농본주의는 그것을 확실하게 여러 국면에서 밝히고 있습니다. 다음 장(章)에서는 이를 밝히는 것만이 아니라, 자본주의가 종식된 이후의 농본주의적 세계를 구상해보려고 합니다.

제2장

자본주의의 한계

― 반(反)경제의 사상

1. 자본주의에 대한 위화감

자본주의의 본질

시골 마을에서 살다 보면, "자본주의는 성장이 불가결하다, 따라서 경제의 세계화는 피할 수 없는 일이다"라는 말을 들어도 실감이 전혀 나질 않습니다. 그것은 철두철미하게 외부로부터의 관점이기 때문입니다. '외부로부터의 관점'이란 마을 밖으로부터라는 뜻과 함께, 자기 자신의 실감이 아니라 어딘가 모르는 곳에서 만들어진 가치관에 기초한 관점이라는 의미가 있습니다.

농민 내부의 관점에서 보면, 경제적 가치로 잴 수 없는 것들이 세계의 태반을 차지하고 있는데 어째서 농사를 '경제'로 다루려고 하는 풍조만 강해지는 것인가 하는 위화감이 들게 됩니다.

이 '무언가 이상하다'는 위화감이 중요합니다. 현재의 일본 쌀값은 생산비를 대폭 밑돌고 있다고 하는데, 쌀 가격을 비용으로 계산할 수 있는 것인지, 물론 공들여서 키우면 비용은 더 들고 그렇게 하는 것은 시대에 뒤처지는 것이라지만 뭔가 중요한 것을 잊고 있는 것은 아닌지, 올해는 가뭄이 들어 물이 부족해서 하루에도 몇 번씩 논에 들르게 되는데 이를 두고 노동시간이 과하다고 하는 것은 논에 대해 무례한 말은 아닌지 — 위화감은 계속해서 생겨납니다.

그것은 농민이라면 '농사라는 것은, 경제적 가치로 잴 수 없는 것이 그 토대에 있다'는 것을 체감하고 있기 때문입니다. 자본주의 시스템의 관점에서 보면 농사는 줄줄 새는 부분이 많은 세계입니다.

변하지 않는 것들

'자본주의의 원리'는, 농민 일상생활의 내부로부터의 시선으로는 파악할 수 없습니다. 그래서 농본주의자는 외부로부터의 관점인 '경제학'을 배워야만 했습니다. 예전의 많은 농본주의자들이 당시로서는 고학력이었던 것은 이런 점을 증명하고 있습니다. 경제학에서는 "자본주의란 경제성장이 없어서는 안되는 체제"라고 가르칩니다. "자본이 증대하지 않으면 자본주의는 벽에 부딪히게 된다"고 설명합니다. 이에 대해서 농민이라면 곧바로 의문을 가지게 됩니다. "햇볕도 물도 흙도 매년 늘어나는 것이 아니고 작물의 수확량도 매년 계속 늘 수는 없는데, 어째서 작년과 같으면 안되는 것일까" 하고 말입니다.

경제성장으로 국민의 부(GDP)가 늘고 나아가서 국민소득이 늘어서 국민이 행복해진다는 설명에는 어딘가 기만이 있습니다. 매년 같은 일, 같은 장사를 하고 있는 상태의 사회는 자본주의가 아닌 것입니다.

그러기 위해서는 총수요와 총생산이 같이 계속해서 증가하지 않으면 안됩니다. 그런데 일본에서는 최근 20년간 명목성장률이 1퍼센트에도 이르지 못하고 있습니다. 이제 성장은 멈췄다고 보는 경제학자들이 늘고 있습니다. 또 일본에서는 2005년부터 인구가 줄기 시작했습니다. 현재 성인이 되는 인구는 단카이세대(전후 일본의 베이비붐 세대로서 1970~1980년대 일본 고도성장의 주역 — 역주)의 절반이 되었고, 일하는 노동력이 급격하게 줄고 있습니다. 그런데 전후 일본의 고도성장의 주된 원인은 단카이세대의 인구 증가였다고 보고 있기 때문에 이제 고도성장은 바랄 수 없고, 또 한편 현재의 경제규모가 앞으로도 필요할지도 의문입니다. 그래서 계속 줄어드는 국민(인간)을 대신할 것이 필요하기 때문에 과학기술 발전에 기대를 거는 것입니다. 그러나 기술혁신으로 생산은 늘지 모르지만, 수요(소비)는 늘지 않기 때문에 성장은 멈춰버립니다.

그런데도 역대 정권들이 '경제성장'을 최우선 정책으로 내걸어온 이유는 자본주의경제를 파탄 내고 싶지 않아서일 것입니다. 자본주의의 결함이 분출되는 것을 피하고 싶어서입니다. 환태평양경제동반자협정(TPP)을 추진하는 목적도 여기에 있습니다. 앞으로도 계속 경제성장을 하려면, 성장력이 강한 산업을 더욱 성장시키기 위해서 국경을 넘어 국내나 외국의 성장력이 약한 산업을 희생시키는 수밖에 없기 때문입니다. 따라서 반(反)TPP운동은 반자본주의운동이 되지 않으면 안됩니다.

그러나 농민에게도 약점이 있습니다. 그것은 농민인 우리 자신이 자기도 모르는 사이에 자본주의에 흡수되어 간다는 점입니다.

자본주의의 영향을 받은 것

스스로 의식하지 못하지만, 농민들은 자본주의적 가치관에 상당히 물들어 있습니다. 자본주의 가치관의 영향을 받고 있는 것은 어떤 부분일까요?

― 싸면 좋은 것인가

TPP 협상의 타결을 전하는 신문들은, "소비자들은 싼 농산물을 구입할 수 있게 된 반면, 농가에는 영향이 있을 것"이라고 합니다. 이는 '적은 노동시간으로 적은 비용을 들여 생산하면 싸진다'고 하는 가치관을 반영한 것입니다. 그러나 가격이란 그 사람이 사용할 때 느끼는 가치(사용가치)로 정하는 것입니다. 정말로 좋은 것이라고 느낀다면 비싸게 사는 경우도 있습니다. 가격은 생산비용을 계산해서 정하는 것이 아니고, 또 '시장경제'로 정해지는 것도 아니라는 사실이 잊혔습니다.

― 경쟁은 좋은 것인가

자본주의경제에서는 '생산성'을 비교할 수 있습니다. 여기서 '경쟁'이 생겼습니다. 지금은 산지(産地) 간 경쟁은 당연한 현상이 되었습니다. TPP 반대는 외국과 경쟁하고 싶지 않다는 것일 것입니다. 그러나 일본 국내에서의 치열한 산지 간 경쟁으로 농민들끼리 서로 발목을 잡고 있습니다.

본래 천지자연의 은혜는 경제가치로 경쟁하는 것이 아니었는데, 농산물조차도 아무렇지 않게 '비교'하고, 또 '선택'하는 것이 오늘날의 세태입니다.

― 산업화한 것은 좋은 것이었나

농사는 여타 산업 수준의 '산업'이 되는 것을 한결같은 목표로 삼아왔습니다. 농사를 '농업'으로 만들기 위해서, 농사를 경제적 가치로 분석하는 '농업 경영'이 외부(정부나 지도기관)로부터 농가에 도입되었습니다. 그 결과 농사를 어떻게 자본주의시스템에 적합하게 할 것인가에 대해서 우리는 제법 알게 되었지만, 농사의 가치는 오히려 보이지 않게 되었습니다.

최근에 일본 정부가 농민들에게 요구하고 있는 "경영능력의 향상"에는 천지자연과의 관계나 풍경을 바라보는 방식, 신에 대한 감사의 방법은 포함되어 있지 않습니다.

― 돈이 되지 않는 것은 가치가 없는가

돈이 되는 것은 가치가 있고, 돈이 되지 않는 것은 가치가 없다고 하는 사고방식이 정착했습니다. 돈이 되는 것을 위해서 돈이 되지 않는 것이 희생되는 일이 허다하게 일어납니다. 돈이 되지 않는 것으로 대표적인 것이 천지자연의 풍경, 살아 있는 것들(유정)입니다. 그러나 농업의 산업화란 돈이 되지 않는 것을 공짜로 얻었기 때문에 비로소 실현할 수 있었던 것입니다. 그런데 어느새 그런 것들을 되돌아보지도 않게 되었습니다.

― 세계화는 좋은 것인가

자본주의가 추진하는 무역의 세계화(자유무역)란 식량이 부족한 나라의 주민들에게 여분이 있는 나라의 농민들이 농산물을 수출하는 것이 아닙니다. 그런데도 일본 정부도, 지자체도, 농업협동조합도 "농산물 수출 전략"을 세우고, 적극적으로 선전하고 있습니다. 수출을 하면 "국내 농업의 매출"이 올라가서 국내 농업이 경제적으로 발전하기 때문입니다.

다른 나라를 위한 논밭이 일본에 있고, 일본의 천지의 은혜를 소비하는 사람들이 먼 나라에 있는 것이 세계화의 본질입니다. 천지의 은혜는 갈 곳을 잃었습니다.

─경제로 이야기하는 습성은 올바른 것인가

어느 마을에서 시행한 조사에서, 고령자로서 농민인 사람과 그렇지 않은 사람을 비교해보았더니 농민이 건강하다는 결과가 나왔다고 합니다. 나이가 들어도 농민이라면 천지자연 속에서 할 일은 얼마든지 있고, 천지유정 속에서의 생활은 건강에도 좋을 것이라는 생각이 듭니다. 그런데 이 조사는, 농민 쪽이 연간 10만 엔 정도 의료비 지출이 적다는 결과에 기초한 것이었습니다. 이렇게 자본주의의 척도를 아무런 의문도 없이 적용하는 것에 대해서는 의문이 듭니다.

뭔가 좋은 일이 있으면 금방 "경제적 효과가 몇억 엔"이라고 발표하는 것이 일상이 되었습니다. 재해가 일어나도 피해액을 추정해서 몇억 엔이라고 발표합니다. 보다 중요한 것은 금액의 많고 적음으로 논할 수 없는 것인데, 그런 식의 표현은 뒷전으로 밀려납니다.

이렇게 '자본주의의 척도'는 자본주의가 다루지 못하는 세계를 의식적으로 무시합니다. 그렇게 하지 않으면 사회를 경제적으로 통제할 수 없기 때문입니다. 농민들조차 어느덧 경제를 우선시하는 가치관에 물들어 있습니다.

2. 왜 농사는 자본주의와 맞지 않는가

농사가 자본주의와 맞지 않는 진짜 이유

농사의 근대화(자본주의화)는 농학(農學)의 전면적인 지원을 받아 산업(농업)이 되는 것이었습니다. 그런데 농사의 중요한 것들을 버리지 않으면, 산업이 될 수 없습니다. 그 버리지 않으면 안 되었던 것들이야말로 농사가 자본주의와 맞지 않는 이유의 실체입니다.

그중에서 가장 중요한 것 네 가지를 살펴보겠습니다.

첫째, 농사일의 상대는 천지자연이다.

다치바나 고자부로의 주장을 들어봅시다.

우리는 기술을 가지고 벼나 소의 생명을 만들어낼 수 없고, 또 이런 것들을 키우는 천지자연의 힘이 없이는 아무것도 할 수가 없다. 우리는 그저 벼나 소의 생명을 지켜보면서, 자연이 명하는 대로 벼나 소가 이끄는 대로 따르며 온 힘을 다해 손을 보태어야 한다.《농촌학》

농민은 논밭에서 생명(작물, 농산물)을 만들어내지 못합니다. 만드는 주역은 천지입니다. 따라서 농업생산이란 천지자연이 생산하는 것을 농민이 거드는 것에 불과합니다. 그리고 이 거드는 부분만을 가지고 농업기술의 성과라고 주장하는 것은 도리에 맞지 않습니다. "이런 신기술을 실행했더니 수확량이 5퍼센트 증가했다"라고 하면, 그건 결코 기술의 세계가 아니라 그렇게 거드는 행위의 변화로 인해서 천지자연의 잠재력이 지금까지보다 더 많은 은혜를 끌어낸 것입니다.

더욱이 그로 인해 천지자연에 부담이 가해지는 경우도 많은데, 농업기술이 그런 부담(부하)에 대해서 주목하는 일은 없습니다. 오히려 그 농업기술의 힘으로 천지자연에 대해서 생산성을 향상시킬 수 있다고 착각해왔습니다. 농업의 생산성 향상은 이러한 착오들에 의해서 실현되어온 것입니다.

모든 농업기술은 천지자연에 부담을 줍니다. 예외는 없습니다. 단지 그 영향을 파악하는 기술이, 그런 농업기술에 포함되어 있지 않기 때문에 몰랐던 것입니다. 예를 들어 최근에 논두렁에 제초제를 살포하지 않고 검은 덮개를 씌우는 환경친화적 기술이 개발, 보급되었습니다. 논두렁의 풀을 베는 노동시간을 단축할 수 있다고 평가받고 있습니다. 그러나 이로 인해 논두렁에서 살아가던 생명체들은 살 곳이 없어집니다. 풍경도 이상해져서 들에 꽃도 피지 않습니다.

이것은 작은 예에 불과한데, 근대화 기술의 개발자에게는 이런 관점은 없습니다. 왜냐하면 이런 것은 '자본주의의 척도'에 포함되어 있지 않기 때문입니다. 그렇다면 기술이 생명들에게 미치는 영향을 생명체 조사 형태로 기술에 같이 포함시키면 되지 않을까

하고 저도 생각한 적이 있었습니다. 그리고 그것을 위한 생명조사 방법도 개발했지만, 커다란 벽에 부딪히게 되었습니다.

그 벽이란, 생명에 대한 관점 자체가 자본주의의 척도인 '노동생산성'과 정면으로 대립한다는 사실입니다. 생명조사를 시작하면 많은 농민들이 "아직도 이렇게 많은 생명체들이 있었던가" 하고 놀랍니다. 그러고는 "논밭에 가면 그런 생물들을 바라보는 시간이 길어졌다"고 말합니다. 그런데 그렇게 되면 '노동시간'이 길어집니다. 이렇게 반자본주의적인 관점이 부활하는 것입니다.

즉, 천지자연을 상대하고 있으면 '노동시간'이나 '노동생산성' 같은 척도들을 잊게 됩니다.

애덤 스미스는 유명한 《국부론》(1776)에서, "농민들이 전쟁에 나가게 되는 경우, 자연이 나머지 대부분의 농사일을 해준다"고 말하고 있습니다. 이렇게 예전의 경제학자들은 자연의 역할을 인정했습니다. 다만, 물론 이 경우에도 자연에 그 노동의 대가가 지불되지는 않습니다. 자연은 그저 일하고, 농민들을 지탱해주는 것입니다.

분명하게 말해둡시다. 농사가 자본주의와 맞지 않는 이유는, 자본주의는 천지자연의 힘을 공짜로 얻어 쓰면서도 부끄러워하지 않기 때문입니다. 천지자연은, 그 힘이 다치지 않도록 천지자연의 도리에 따라 천지자연의 품 안에서 살아가는 존재들에게는 그 은혜를 풍요롭게 가져다줍니다. 또 그 본질은 매년 변하지 않는 데 있습니다. 발전이나 진보가 천지자연의 품 안에서 이루어진다면 폐해가 없습니다(설혹 악영향이 생기더라도 금방 대처할 수 있습니다). 그러나 천지자연을 경제성장을 위해서 이용하려고 하면, 천지의 은혜는 쇠락해 갑니다.

둘째, 농민들의 욕망은 비대해지지 않는다.

천지자연을 상대하고 있노라면 천지자연의 품 안에서 살아가는 것을 배우게 됩니다. 천지자연에 바라는 것이 있을지언정, 요구를 들이대거나 하지는 않습니다. 풍년인 해에는 천지에 감사하고, 흉년일 때에는 자신의 일(보살핌)을 반성하고, 일기가 불순했던 해에도 그런 천지를 받아들였습니다. 예컨대 '다수확'이나 '수확량 증대'는 외부에서 생긴 발상입니다. 많이 수확하거나 수확량을 늘리지 않으면 안되는 상황이 발생했기 때문에 그런 말들이 생긴 것입니다. '쌀을 자급하지 못한다'거나 '쌀을 싸게 공급하기를 바란다'는 식의 시대적 요구가 있었기 때문입니다.

실은 야요이시대(기원전 3세기~기원후 3세기경)로부터 에도시대(1603~1867)에 이르기까지는 쌀의 단위면적당 수확량은 그다지 변하지 않았습니다. 수확량이 비약적으로 증가한 것은 메이지시대 중기, 즉 19세기 후반 이후입니다. 그 전까지는 쌀뿐만 아니라 다른 여러 가지 먹을거리를 얻을 수 있는 범위에서 구해서 먹었습니다.

그러나 자본주의의 발달은 싫든 좋든 욕망을 자극합니다. 아니, 원인과 결과를 무심코 바꾸어 말했습니다. 욕망을 자극해서 뒤집어 놓았기 때문에 자본주의가 발달한 것입니다. 경제발전이 계속되려면 항상 소비(수요)와 생산(공급)이 계속 증가하지 않으면 안됩니다. 그래서 '이제 더 필요 없다(이제 됐다)'는 감각은 반자본주의적이라고 할 수 있습니다.

여기서 앞에서 소개한 다치바나 고자부로의 주장에 다시 한번 귀를 기울여봅시다. "농민들을 품고 있는 천지자연의 품 안에서는, 아무리 눈을 크게 뜨고 돌아보아도 교환가치라고 하는 자본주의적 척도는 찾을 수 없다."

아마도 많은 사람들이 '농산물'은 교환가치(경제적 가치)가 아닌가 하고 의문을 가질 텐데, 그것은 이미 자본주의적 관점에 물들어 있기 때문입니다. 본래 돈으로 평가할 수 없는 농작물에 대해서도, 자본주의에서는 교환가치를 매길 필요가 생깁니다. 적어도 '은혜'를 경제적 가치와 비경제적 가치로 나누기라도 했으면 좋았겠지만 누구도 그렇게 하지 않았습니다. 자본주의에는 애초에 그런 구조가 없기 때문에, 시장에 맡겼던 것입니다. 이렇게 비경제적 가치는 시장으로부터 추방당합니다. 인간의 욕망을 가라앉히는 장치는 시장에 없습니다.

자급경제라면 몰라도 자본주의사회에서 경제성장을 계속하기 위해서는 생산(공급)과 소비(수요)가 계속 증가하지 않으면 안됩니다. 그런데 인간의 욕망이라는 것은 무한하게 생겨나는 것일까요? 오히려 깨어나지 않아도 좋을 욕망까지 자본주의에 의해서 깨어나게 된 것은 아닐까요?

욕망이 비대해지는 사회는 피곤합니다. 욕망이 커지는 인생은 안심과 안도가 없습니다. 농민은 천지자연의 품 안에서 살아가고자 하기 때문에 늘 욕망이 진정되고 오히려 축소되어 가지만, 이 모두는 시장의 바깥에서 일어나는 일입니다.

셋째, 천지유정의 공동체를 파괴하다.

농본주의는 이른바 '마을(삶터) 중심 사상'의 양상을 보입니다. 왜냐하면 천지자연이란 자신이 오감으로 느끼는 범위의 세계이기 때문입니다. 천지자연이란 시골의 천지자연인 것입니다. 그런데 자본주의에는 '마을'이라는 관념이 전혀 없습니다.

애초부터 마을(삶터)은 안중에도 없고, 이윤이 있는 곳이라면 아무렇지도 않게 국경을 넘어서 이동하는 것이 자본입니다. '마을의 사상'과 늘 마찰을 일으킵니다. 가장 심하게는 돈이 되지 않는 가치를 무시하는 정도가 아니라 아예 짓밟아버립니다. 천지유정의 공동체의 구성원은 천지에서 살아가는 생명 모두일진대, 그중에서 인간의, 그것도 경제적 이익만이 너무나 과하게 중시되고 있습니다.

여기서 한 가지 예를 들겠습니다. 수컷제거법으로 근절된 줄 알았던 귤과실파리가 2016년, 아마미오섬에서 다시 나타났습니다. 그런데 실은 고야마 쥬로(小山重郎)는 《곤충과 해충》(築地書館, 2013)에서 이런 사태를 이미 예견했습니다. 귤과실파리와 매우 닮은 오일과실파리가 방사선을 이용한 불임충 방사법으로 근절되었다는 사실은 잘 알려져 있는데, 고야마는 오키나와에서 시행된 이 오일과실파리 근절 프로젝트의 핵심 인물이었습니다. 그러나 그는 이후에도 계속해서 매주 불임충 7,000마리를 방사하지 않으면 안된다는 사실에 대해서 의구심을 갖고 있었습니다(그 비용은 매년 1억 엔이 넘는다고 합니다).

이것은 '국가사업'이기 때문에 가능한 일입니다. 그 사업은 난세이 제도(諸島)로부터 일본 본토로 귤이나 여주, 망고 등을 이송하기 위해서 실시되었습니다. 그런데 남미나 동남아시아 농촌에서는 이런 파리들이 대단한 해충도 아니고, 과수에 봉지를 씌우는 등의 전통적인 방법으로 충분히 제어할 수 있다고 합니다. 그런데도 많은 국가들이 이러한 파리들을 '근절'하려고 하는 이유는, 과일을 수출(혹은 이송)하려고 하기 때문입니다.

자급의 연장선에서는 농업기술에 국가사업이 들어올 여지가 없습니다. 농업기술이 국가에 의해서 완전히 장악되는 일은 없습니다. 그러나 일단 국가의 기술을 받아들여 버리면 국가주의(내셔널리즘)가 우선하게 됩니다. 당연히 아마미오섬의 귤과실파리는 '폐기'를 명령받게 됩니다.

고야마는 앞의 책의 결론으로서 이렇게 말하고 있습니다. "해충은 사회(국가)에 의해서 만들어진다. 해충을 해충이 아니게 하기 위해서는 방제 이전에 사회구조를 다시 되돌아보지 않으면 안 된다." 이런 농학자도 있습니다!

하나 더 덧붙이고 싶은 것이 있습니다. 자본주의는 국가주의를 강화합니다. 지역사회 자급경제에서는 자본주의는 발달하지 않습니다. 자본주의는 한 나라 전체를 (경제적) 경쟁으로 내몰고, 국가 전체로서 경제성장을 목표로 하는 성격을 갖게 만듭니다. 왜냐하면 근대화라는 것은 자본주의와 국민국가, 민주주의가 하나로 묶여서 탄생했고 그리고 발전해온 것이기 때문입니다.

오키나와와 아마미 제도(諸島)만 특정 해충의 피해를 입고 농산물의 이동이 금지된다는 것은 국민국가로서도, 민주주의의 관점에서도 그리고 자본주의적 입장에서도 좋은 일이 아닙니다. 따라서 국가 정치는 당연하게 오일과실파리와 귤과실파리를 근절하여 농산물이 자유롭게 판매(이동)될 수 있도록 합니다.

그러나 만약 오키나와나 아마미 제도의 자급경제가 건재했다면, 본토에 과일을 굳이 팔지 않아도 괜찮았을 테니 전통적 농법으로도 충분했을 것입니다. 여기서 제가 문제 삼는 것은, 자본주의는 시골이나 지역을 국가 전체에 포함시켜서 균질하게 만든다는 것입니다. 그리고 이는 무엇보다도 '경제'를 위해서입니다. 자본주의경제는 지역의 자급경제뿐만 아니라 전통적인 기술도 부정해 버립니다.

넷째, 일하는 방식이 다르다.

농본주의자 다치바나 고자부로는 농사일을 어떻게 이해했을까요? 그가 '근로'에 대해서 쓴 부분을 읽어봅시다.

'근로'라는 말은 아침부터 밤까지 소나 말처럼 일하는 것처럼 사용된다. 그러나 그런 것이 아니다. 사람은 근로를 통해서 비로소 자주적인 인격체로서의 존재를 발견할 수 있으며, 최고의 만족과 희열을 체감하는 것이 허락되는 것이다. 그러나 현대사회는 영리주의에 사로잡혀서 인간 노동은 그저 물욕을 충족시키는 수단으로 전락했다. 그리고 노동은, 시간당 얼마라는 식의 화폐적 수치를 가지고 측정되는 정신적 내용은 없는 것으로 되어버렸다. 어째서 사람들은 천지자연의 은혜 깊은 품속에서, 사람들 간에 서로 마음이 통하고 경쟁하는 것이 아닌 그런 천직, 사명을 다하려고 하지 않는 것인가.(《농본건국론》)

다치바나가 말하는 근로란, 논밭이나 흙, 작물, 가축을 아끼고 소중히 다루며 작물이나 가축이 가지고 있는 생명력이 천지자연의 품 안에서 충분히 발휘되도록 사람들이 서로 돕고 봉사하는 것입니다. 다치바나는 농사일에 대해서 임금노동을 연상시키는 '노동'이라는 말을 사용하고 싶지 않았기 때문에 '근로'라는 말을 사용했을 것입니다. 다치바나가 설립한 사립학교 애향숙(愛鄕塾)이 "자영적 근로 학교"라고 칭해졌던 것은, "바르고 좋은 흙의 근로생활인을 양성하는 목적을 갖"고 있었기 때문입니다.

농업에서는 농민들이 논밭, 농작물에 대해 갖고 있는 애정이라는 정신적 요소야말로 생산을 좌우하는 근본적 요인을 이루고 있으므로, 이 애정을 무시하고는 농업생산이라는 것이 성립하지 못한다.(《농본건국론》)

현대의 농업 정책·학문이 무시한(버린) 농사일에 대한 내부로부터의 관점이 다치바나의 농본주의에는 확실하게 자리하고 있습니다. 이러한 세계는 퇴색되어선 안될 뿐만 아니라 오히려 재평가해야 합니다. 제가 반드시 이어나가겠다고 결의를 다집니다.

자본주의에서 인간이 행복해질 수 없는 이유

다음 그래프는 《행복의 정치경제학》(Bruno S. Frey·Alois Stutzer, ダイヤモンド社, 2005)에 게재된 것입니다. "경제성장에 의해서 국민 1인당 GDP가 증가하고 행복해진다"는 자본주의의 상식이 틀렸다는 것을 보기 좋게 증명하고 있습니다.

일본 국민 1인당 실질GDP와 생활 만족도 추이(1958년=100)

이 책의 저자는 말합니다. "아마도 일본은 제2차 세계대전 이후 가장 현저하게 소득이 증가한 나라라고 할 수 있을 것이다. 1958년부터 1991년에 걸쳐서 1인당 국민소득은 여섯 배 늘었다. 그럼에도 같은 기간 동안 일본인들의 생활 만족도는 거의 변하지 않았다." 또 "국민 1인당 GDP가 1만 달러 이상의 풍요로운 나라가 되면, (그 이상) 소득이 높아지더라도 행복도에는 현저한 영향을 미치지 않는다. 그러나 1인당 국민소득은 낮은데도 만족도는 상당히 높은 예외적인 나라들도 몇 있다."

그런데 정말로 '생활 만족도'는 변하지 않았을까요? 벌써 20년 전 이야기인데, 마을의 노인들을 대상으로 "당신의 인생에서 가장 즐거웠던 때는 언제입니까? 그 이유는 무엇입니까?"라는 설문

조사를 한 적이 있습니다. 평균연령 70세 정도의 사람들이 대상이었습니다.

그런데 압도적으로 다수의 어르신들이 "쇼와 30년대였다"고 답했습니다. 그 이유로 가장 많았던 것은, "가족이 다 함께 일할 수 있었기 때문"이라는 것이었습니다. 쇼와 30년대(1955~1964)는 일본 농촌의 근대화가 본격적으로 시작된 시기이지만, 아직 근대화되지 않은 세계도 남아 있던 때입니다.

본래 농사일은 혼자 하는 일도 많지만 고독을 느끼는 경우는 거의 없습니다. 농민은 혼자라고 해도 그 상대가 되는 생명들이 주위에 있기 때문입니다. 그러나 현대의 농민들은 고독을 느끼게 된 모양입니다. 함께 일할 사람도 없어지고, 상대가 되는 생명들을 느끼는 시간도 없어져 가고 있기 때문입니다. 그렇기 때문에 가족들 다 같이 일하는 경우가 많았던 시대의 기쁨을 새삼 떠올리는 것일 터입니다.

그리고 주목할 점은, 소득에 대해서 언급한 사람은 한 명도 없었다는 사실입니다. 근대화, 자본주의화가 목표로 해온 '국익의 증대'는 결코 한 사람 한 사람의 행복과는 아무런 관계가 없었던 것입니다. 오히려 농민들의 생활 만족도는 떨어졌습니다. 그러나 일본 정부는 여전히 "농업 소득 배가"를 정책 목표로 내걸고 있고, 농협도 이것을 따르고 있습니다.

농사에 있어서 '성장'은 가능할까

"농업은 뒤처져 있다"는 말은 벌써 90년 이상 사용되고 있습니다. 그런데 대체 무엇이 뒤처져 있다는 것일까요?

예전에는 "기계화가 늦어지고 있다", "경험 때문에 과학적 기술의 도입이 늦어지고 있다"라고들 했습니다. 오늘날에는 "경영 감각이 부족하다", "생산성 향상의 속도가 느리다", "농업도 성장산업이 될 수 있는데…" 등으로 표현은 미묘하게 변했지만, 그 내용인즉 농업은 자본주의의 발전에 발맞춰 따라오지 못한다는 것입니다.

저는 농업이 자본주의의 발달에 '뒤처지는' 것이 오히려 좋은 일이라고 생각합니다. 이상한 표현이지만, 천지가 농민들과 공모해서 농사의 근대화(자본주의화)에 저항, 반항하고 있는 것입니다. 물론 농민들은 이를 의식하지 못합니다만, 천지는 무의식적으로 농민들에게 그런 판단을 하게 해온 것입니다.

논두렁에 제초제를 살포하면 편한데도 계속 풀베기를 고집하는 농민들이 아직 압도적으로 많습니다. 쌀을 사 먹는 편이 싼데도 좁은 논에 계속 벼농사를 짓습니다. 도시에서 사는 것이 편리한데 시골에서 삽니다. 이것은 천지유정의 공동체의 매력이 몸속 깊이 축적되어 있기 때문입니다. 게다가 이는 '머리를 쓰지 않아도 좋은' 것입니다. 이 경우의 '머리'란 경제관념이라든지, 경영능력, 사회 상황을 읽는 능력 등 요컨대 외부로부터의 지성적인 관점입니다.

천지자연의 품 안에서는, 천지유정의 넘치는 생명의 흐름에 몸을 맡기기만 하면 됩니다. 매년 같은 일들을 성심성의껏 해나가면 됩니다.

3. 사람은 경제로 살아가는 것이 아니다

경쟁하지 않으면 안되게 되었다

"경쟁하지 않으면 진보는 없다"는 것이 상식이 된 것은 자본주의사회가 되고 나서부터입니다. 물론 그 전에도 경쟁 그 자체는 있었지만 일시적이었고, 한도도 정해져 있었습니다. 그리고 중요한 것은, 경쟁하지 않아도 그것으로도 괜찮았다는 점입니다. 전국 규모로 경쟁을 부추겼던 '쌀농사 일본 제일 표창' 사업(아사히신문사 주최로 1949년부터 1968년까지 개최)의 경우에도, 애초에 조건이 좋지 않은 논의 경우에는 참가할 생각조차 들지 않았을 것입니다. 단위 면적에 대한 소출 경쟁은 아직까지 '자본주의적 경쟁'이라고 볼 수는 없었습니다.

그러나 현대 자본주의사회의 경쟁은 한계가 없습니다. 게다가 경제적 경쟁으로 결말이 지어지기 때문에, 승자는 이익을 얻고 패자는 자취를 감추어야 합니다. 농사를 십수 대째 이어서 짓고 있는 농민들은 흔하지만, 기업의 수명은 짧습니다. 최근까지 융성하던 기업이나 회사가 도산하는 것도 경쟁에서 졌으니 당연하다고들 합니다.

이런 논리를 노골적으로 농사에 통용시키려고 한 것이 '농업의 근대화'였습니다. 그러나 생산지 간의 경쟁도, 농민 간의 경쟁도 공업이나 상업에서와 다른 점은, 지는 것이 인간(농민)만이 아니라는 사실입니다. 경쟁에 져서 황폐해져 가는 논밭에서 살아가는 생명들은 어떻게 되는 것일까요? 그런 논밭 주변의 농민들은 영향을 받지 않을까요?

그리고 승리한 농민의 논밭에는 정말로 이익이 있을까요? '생산성 향상'으로 인한 최대의 피해자는 "경제적 가치가 없다"고 되어 있는 생명들입니다. 생명들을 지키는 기술을 선택한다면 경쟁에서 지고 맙니다. 이렇게, 경제적 가치가 없는 세계는 계속해서 쇠약해졌습니다.

'효율'이라는 협박

또 농민들의 정신세계도 상처를 입었습니다. 경쟁 없이는 살아갈 수 없는 사회에서는 효율이 중요하게 됩니다. 지금껏 농사일이 자본주의에 완전히 흡수되지(잡아먹히지) 않은 가장 큰 이유는, 농민들이 한창 일을 할 때는 '효율'이나 '생산성'을 의식하지 않기 때문입니다. 그런 것들을 의식해서는 농사일에 몰두할 수 없습니다.

일을 서둘러서 하면 온갖 악영향이 생깁니다. 예를 들어 급한 용무가 생겨서 외출하기 전에 일을 정리해야 할 때면 일을 서두르게 됩니다. 그리고 그렇게 서둘러서 풀이라도 베다 보면 꼭 뱀이나 개구리를 잘라 죽이게 됩니다. 그러나 무엇보다도 크게 잃게 되는 것은 천지자연에 몰두하지 못하게 된다는 점입니다. 자신(의 사정)이 중심이 되어버려서, 망아의 경지와는 너무나도 먼 상태가 됩니다.

이렇게 자신의 급한 사정이라면 그래도 자각은 할 수 있지만, 사회 전반이 '급한 용무의 상태'가 되어버리면, 다시 말해 일(노동)의 효율을 항상 따지게 되면, 의식하지 않고도 서두르게 됩니다. 그리고 그렇게 서두르는 상태가 표준이 되어버리면 농사일을 즐길 수가 없습니다. 어쩌면 우리는 천지자연과 '경쟁'해서 천지자연을 사람에 맞추려고 하고 있는지도 모릅니다. 그러나 이래서는 인간은 천지자연으로부터 버림받게 될지도 모릅니다.

'비용 대비 효과'라는 이야기

공공사업도 이제 '비용 대비 효과'가 경제적 가치로 측정되어서, 비용이 효과를 상회할 경우에는 사업 시행이 어렵게 되었습니다. 그런데 이런 경우 '효과'에 비경제적인 가치는 포함되지 않습니다. 저는 물 부족으로 고통받던 마을에 오랜 염원인 물을 대기 위해서 길고 긴 수도관을 연결하는 공공사업을 시찰한 일이 있었습니다. 그러나 물이 들어오기 전에 마을은 쇠락하고 밭을 경작하는 농민도 줄어들어서, 수익 면적으로 계산하면 비용이 효과를 상회하는 결과가 나왔습니다.

제가 물을 풍족하게 사용할 수 있다는 정신적인 만족은 돈으로 바꿀 수 없는 가치가 아니냐고 질문을 했더니 농민들의 표정이 일그러졌습니다. 물은 파이프를 통해 와서 콘크리트로 만든 탱크에 저장되고 그 물을 실제로 볼 수 있는 것은 스프링클러로 분사될 때뿐이라는 것입니다. 실개천도 없는 마을 가운데로 물이 흐르게 해서 아이들이나 주민들이 직접 물을 접할 수 있게 할 수는 없었느냐고 묻자, 동석했던 정부 담당관은 "그런 제도와 설계는 없습니다"라고 쌀쌀맞게 답합니다. 그런 발상은 아마도 '비용 대비 효과'를 악화시킬 것입니다. 여기에 문제가 있는 것이 아닐까요?

농민들의 생활도 비슷한 처지에 있습니다. '적자 경영'은 빨리 그만두는 게 좋다고 걱정들을 합니다. 그러나 돈이 되지 않는 비경제적 가치도 감안하면 적자는커녕 훌륭한 효과를 만들어내고 있는 경우가 많은 것이 바로 농사입니다. 저는 손으로 모내기를 하기 때문에 제비들이 못자리의 흙(진흙)에 둥지를 만듭니다. 마을에서도 줄어든 참개구리, 산청개구리, 도롱뇽이 산란하고 자랍니다. 1년에 여섯 차례 논두렁의 풀을 베고, 세 차례 강가의 풀을 베기 때문에 마을의 풍경도 정돈되고 깨끗해집니다.

	기능	평가액(엔/10아르)
1	물을 저장해서 홍수를 방지	87,300
2	지하수 공급	28,100
3	토양 침식과 붕괴를 방지	1,770
4	유기성 폐기물 처리	170
5	공기 정화	6,200
6	기후 안정화	105
7	보건·건강에 기여	22,565
8	수질 정화	8,700
9	생명체를 기른다	66,000
	합계	220,910
	[참고] 쌀 판매액(1996년)	156,100
	[참고] 소득(1996년)	70,300
	[참고] 논농사 총매출(2014년)	82,000
	[참고] 논농사 소득(2014년)	16,000

표1. 논의 다면적 기능의 원가 계산, 1996년 후쿠오카현 마에바라시(현 이토시마시)
※ 1~8은 농업종합연구소(현 농림수산정책연구소), 9는 저자의 시산(출처 《천지유정의 농학》)

이러한 비경제적인 가치를 현대의 농업경제학과 경영학에서는 계산할 수 없기 때문에, "적자다", "경영 능력이 없다"고 하는 것입니다. 그러나 우리가 천지자연 속에서 살아간다는 것은, 비경제적 가치가 토대에 있기 때문에 비로소 성립하는 것입니다. 돈이 되지 않는 것을 '외부경제'라고 부른다면, 제대로 계산을 해서 농업 경영에 혁명을 일으켜주었으면 좋겠습니다.

저와 동료들이 20년 전에 계산해서 발표한 후쿠오카현 마에바라시(현 이토시마시) 논의 경우, 돈이 되지 않는 가치는 10아르당 22만 엔이었습니다(표1). 물론 이 가치는 현재에도 지불되는 것이 아닙니다.

자본주의가 손을 댈 수 없는 세계가 있다

경제가 발달하지 않으면 인간다운 삶을 살 수 없다는 것이 상식이 된 것은 고도성장 이후의 일입니다. 그 전에는 농촌에서는 경제 이외의 세계도 건재했습니다. 오로지 천지자연의 은혜를 끌어내기 위해서 시간도, 비용도, 무시하면서 일하는 것이 당연했던 시절이 1960년대까지 존재했습니다.

예를 들어 앞에서 언급한 '쌀농사 일본 제일 표창' 사업에서는, 각 행정구역별 예선을 통과하면 현(縣) 대회로 진출하고, 현에서 뽑힌 대표가 전국 대회로 진출했습니다. 이렇게 전국에서 우승한 논에는 이듬해에는 논두렁에 풀이 자라지 않는다고들 했습니다. 전국에서 사람들이 끊임없이 시찰하러 오기 때문입니다.

이것은 물론 쌀 부족이 배경이 된 국책 운동이기도 했지만, 이

대회에 참가하는 농민은 자재는 물론이고, 가능한 모든 노력을 기울여 쌀 수확량만을 가지고 경쟁했습니다. 여기서는 비용에 대한 의식이나 노동생산성에 대한 의식, 즉 현대사회에서 말하는 경영능력 등은 전혀 없었습니다. 여기에서 경쟁한 것은 경제적 가치가 아니라 기능(기술)이나 지력(地力), 애정 등이었습니다. 쌀이 남아돌게 되자마자 이 대회가 곧바로 폐지된 것을 보면 이 사업은 애초에 그저 유행에 지나지 않은 것이긴 했지만, 적어도 이 시절까지는 자본주의적 척도와는 다른 목표가 힘을 발휘했다는 사실을 잊어서는 안 될 것입니다.

제 친구인 농사꾼의 이야기입니다. 그의 가족은 대규모 경영을 하는 농가인데, 채소 모종을 밭에 옮겨 심는 기계가 있는데도 이것을 사용하지 않습니다. 기계를 사용하면 작업 효율은 훨씬 좋아지겠지만 결과가 다르기 때문이라고 합니다. 물론 기계를 사용하는 농민들이 많은 것을 보면 그 차이는 그래도 비용으로 보전할 만한 정도일 것입니다. 친구는 채소에 대한 애정이 사라지는 것을 걱정했던 것입니다.

'샐러리맨 수준의 소득'이라는 사기

일본 농림수산성은 정책의 대상을 '인정 농업자'로 한정한다고 강조해왔습니다. '인정 농업자'란, 해당 행정구역의 샐러리맨의 평균 소득액을 달성 목표로 삼고 있는 농민을 가리킵니다. 농업이 뒤처졌다는 것은 봉급생활자(상공업 노동자)에 비해서 소득이 낮기 때문이고 소득으로 따라잡으면 농업도 다시 평가를 받게 될 것이라는 사고방식을, 실로 충실하게 표현한 제도입니다.

농업을 자본주의에 맞추는 것이 이처럼 노골적으로 노동자 소득을 모델로 삼는 데까지 왔습니다. 농업을 '여타의 산업 수준으로 만든다'는 것이 좋은 일이라는 발상이 현대에도 농정의 핵심에 자리 잡고 있는 것입니다.

근대를 묻는다

그래서 다시 한번 '농사에 있어서 근대화란 무엇이었는가'를 묻지 않으면 안됩니다. 왜냐하면 농사에 대한 평가가 근본적으로 잘못되기 시작한 것은 메이지 이후의 근대가 되어서부터이기 때문입니다.

우리는 어느새 합리적, 이성적, 과학적인 관점이 옳은 것이라고 착각하게 되었습니다. 개인적 감정이나 과학적으로 근거가 없는 것은 신용할 수 없게 되었습니다. 여기서는 농민들의 실제 감각에 기초해서 근대의 핵심에 대해서 물어(추궁해) 봅시다. 저의 실제 체험을 소개하겠습니다.

논두렁의 풀베기를 하고 있었습니다. 8월이 되면 논에서 태어난 개구리가 논두렁으로 올라오기 때문에 예초기로 풀을 베고 있으면 1미터마다 개구리가 놀라서 뛰어오릅니다. 그때마다 저는 개구리를 자르게 될까 봐 주저하며 기계를 멈춥니다.

담배를 한 대 피고 있자니, 제가 이런 식으로 풀베기를 멈춘 시간을 스톱워치로 재고 있던 경제학자가 말을 걸었습니다. "참 쓸데없는 짓을 하셨네요. 지금 머뭇거린 시간이 10아르당 약 5분이 됩니다." 저는 "그럼 안됩니까?" 하고 반론했지만, "안 그래도 일본 벼농사는 비용이 많이 든다고 비판받고 있습니다. 이 5분은 경제학적으로 조금도 쓸모가 없는 시간이 됩니다. 경영감각을 더 갈고닦으십시오"라고 야단만 맞았습니다.

그러던 어느 날 생태학자를 만나서, 이 이야기를 하면서 "정말로 쓸모없는 시간이었을까요?"라고 물었습니다. 생태학자라면 생명을 좋아하는 사람들일 테니 저를 이해해줄 것으로 생각했습니다.

생태학자는 냉정하게 물었습니다. "그런데 당신의 논에는 개구리가 몇 마리 있습니까?" 저는 매년 생명체 조사를 하기 때문에 이런 질문에 곧장 답을 할 수 있습니다. "10아르당 900~1,000마리입니다." "그럼 만약 당신이 주저하지 않았다면 몇 마리나 죽었을 것이라고 생각합니까?"라고 추궁합니다. "음, 주저하지 않은 적이 없어서 정확하게는 모르지만, 10아르당 3마리 정도 아닐까요?"라고 저는 대답했습니다.

그러자 생태학자는 "그 정도의 살상이라면 다음 해의 개구리 개체군의 밀도에는 영향이 없다고 단정해도 좋겠습니다"라고 말합니다. 즉 제가 주저하는 행위는 경제학적으로도, 생태학적으로도, 아무런 의미가 없습니다.

분명히 근대적이고 과학적이며 합리적인 관점으로는 그럴 것입니다. 그러나 만일 제가 경제학자나 생태학자의 주장을 그대로 받아들여서, '그렇구나, 주저할 이유가 아무것도 없구나'라고 생각하고 그렇게 실행에 옮긴다면, 제 안의 무엇을 잃게 될까요? 개구리만이 아니라 생명에 대한 시선 자체가 옅어질 것입니다. 개구리만이 아니라 생명체들을 죽이고 싶지 않다는 애정이 사라져 갈 것입니다. 천지자연의 일원이라는 정감을 잃게 될 것입니다. 이렇게 되면 자본주의적 가치관에 대항할 근거가 없어집니다.

근대화를 주도면밀하게 준비한 것

농사의 근대화는 농사를 자본주의화하는 것이었다고 해도, 구체적으로 그것은 어떤 방법으로 이루어졌을까요? 일본에서의 몇 가지 주요 국면을 정리해보겠습니다.

①메이지 6년(1873)에 시행된 지조(地租) 개정이 큰 전기가 되었습니다. 작물 수확에 대해서 부과하던 세금이 지가에 대해서 계산되는 방식으로 바뀌었습니다. 그리고 이후 에도시대보다 세금이 훨씬 높아져서 농민들의 몰락이 심각해지고, 소작농이 빠르게 증가하게 됩니다. 그렇지만 그러한 사실보다도 농지의 가치를 '지가'라는 금액으로 파악하는 사고가 시작된 것이 중요합니다.

②농민들의 세계관을 근대적인 개념으로 바꾸는 것을 통해 근대화는 진행되었습니다. 예를 들어 '해충'이라는 개념을 몰랐던 농민들에게 방제·구제라는 발상과 사고법, 기술 사상을 가르쳤습니다.

자본주의는 뒤처진 전근대의 발상을 근대적 가치관으로 발전시킨다는 형태를 취합니다. 그리하여 일이 잘되는 것은 "생산성이 올라간다"는 식으로 바뀌었고, 풍작은 '다수확'으로 바뀌었습니다. 그러나 전자와 후자는 실은 전혀 다른 개념입니다. 이렇게 천지자연이 주역이었던 전근대 농민들의 감각을, 인간이 주역인 근대적 감각으로 바꿔갔습니다.

③일을 '기술'로 바꿨습니다. 그리고 바꿀 수 없는 것들은 무시, 경시했습니다. 근대화 기술은 시험연구기관이나 대학에서 연구되어서 기술이 된 것입니다. 농민은 더이상 기술(기능)의 창조자가 아니라 수용자가 되었습니다.

④농업기술에 있어서는 인간의 힘으로 좋은 것을 많이 수확하는 것을 목적으로 했습니다. 천지자연보다 인간을 우위에 두는 것은 대전환이었다고 생각합니다. 이것은 농민들조차 깨닫지 못할 정도로 착착 진행되었습니다.

⑤지금까지 말한 것처럼, '경영'이나 '경제' 개념을 침투시켰습니다. 무엇이든 경제로 환산하는 발상법이 서서히 농민들에게도 침투해가는 것입니다.

⑥자급을 뒤처진 것으로 만들고, 분업을 추진했습니다. 이것이야말로 자본주의경제가 농업에 적용될 수 있을지를 가늠할 수 있는 분기점입니다. 이전까지의 농민들의 분업이란, 낫이나 약같이 스스로 만들 수 없는 것을 구입하는 식의 분업이었습니다. 그런데 근대의 분업은 스스로 자급할 수 있는데도 '사는 편이 싼' 상황을 만들어냈습니다. 자급할 수 없는 자재나 기계를 필요로 하는 근대적 농업기술의 보급은, 이러한 상황을 만들기 위한 예행연습이었습니다.

⑦'소득' 향상이 인간의 행복으로 이어진다는 논리가 만들어

졌습니다. 이것도 '분업'과 표리일체의 관계에 있습니다. 언제든 좋은 것을 손에 넣기 위해서는 돈이 필요합니다. 자급할 수 있는 것은 볼품없는 것이라는 사고를 퍼뜨리는 데 성공한 것입니다.

⑧ '학문'이 농업을 진보시킬 것이라고 가르쳤습니다. 게다가 그 학문(농학)은 농촌 밖에서 형성된, 농사를 근대화하기 위한 학문이었습니다. 농민은 지도를 받는 존재가 되었습니다. 농업전문가(지도원)가 전국에 배치되고 근대화가 농촌에 보급되었습니다.

⑨ 그 전문가가 무기로 삼은 것이 '과학'이었습니다. 농사꾼으로서의 경험이 없어도 지도를 할 수 있기 때문입니다. 그래서 과학적으로 설명할 수 있는지 여부가 중요해졌습니다. 비과학적인 것은 뒤처진 것, 진보하면 곧 사라질 세계라고 생각하게 만들었습니다.

⑩ 의외로 간과되는 것이 국가주의(내셔널리즘) 교육의 보급입니다. 우리 마을의 농사보다 '일본 농업'이 우선한다는 사상이라고 바꿔 말해도 좋을 것입니다. 또 '일본 농업'을 발전시키기 위해서 시골의 농사를 근대화하지 않으면 안된다는, 전도된 논리가 통용되게 되었습니다.

⑪ 그리고 가장 큰 것은, 일본의 '농정'을 정비해서 농업은 농정에 의해서 통제된다는 관습을 정착시켰습니다. "농정이 잘못됐다"는 말이 농정의 존재를 인정한다는 방증입니다.

지금 되돌아보면 (이러한 일련의 과정이) 잘 이루어진 것처럼 보이지만, 저항도 끈질기게 있었습니다. 그러나 전후에는 농본주

의가 쇠퇴했기 때문에 이것이 반근대 운동으로서 명확하게 표현
되지는 않았습니다.

4. 자본주의가 끝나도 걱정할 것 없다

자본주의의 막다른 길

이제는 자본주의의 한계가 외부로부터의 관점을 통해서도 계
속해서 분명하게 드러나고 있습니다. 농사에 한정해서 제가 생각
하는 문제점을 열거해보겠습니다.

① 일손이 격감하고 있습니다.

이것은 물론 인구의 경우처럼 자연 감소한 것이 아니라 농업
의 근대화로 인해서 이농이 촉진된 결과입니다. 그런데 이로 인
한 일손 부족은 심각한 지경입니다. 무인트랙터 연구에 세금이
투입되고 있는 정도니 웃을 일입니다. 대규모화해서 생산성을 올
리지 않으면 뒤처진다고 주장하는 자본주의적 경제학에서는 이
렇게 될 것을 분명히 예견했을 것입니다.

② 공동체가 간신히 지켜주고 있습니다.

여러 농가가 모여서 공동으로 경영하는 '집락영농' 형태가 권
장되고 있는데, 비용을 줄이기 위한 목적으로 조직된 곳들은 잘
되고 있지 않습니다. 잘되고 있는 곳은 한 사람 한 사람의 농민들
이 지역을 지키려는 애향심으로 각각 일을 분담해서 하는 조직입

니다. 즉 자본주의적 척도가 아니라 천지유정의 공동체에 대한 애정에 바탕을 둔 집락영농이 성과를 올리고 있는 것입니다.

③기술혁신은 한계에 이르렀습니다.

저비용, 노동시간 단축을 목표로 해온 근대화 기술의 기술혁신은 한계에 부딪혔습니다. 천지자연은 이미 오래전에 상처를 입어서 비명을 지르고 있는데 둔감한 전문가들만이 여전히 이노베이션이 가능하다고 분발하고 있지만, 이미 위험한 영역에 들어와 있습니다. 예를 들어 무인트랙터는 트랙터에게 품삯을 지불할 생각일까요? (기계 값으로 이미 다 지불한 것이라고 말하겠지요.) 혹은 천지자연에 몰입하는 기쁨을 감지하는 AI(인공지능)를 트랙터에 장착하기라도 할 작정일까요? (과학의 진보로 그것도 가능하다고 말할 것입니다.)

④천지자연의 비명이 울려 퍼지고 있습니다.

동일본 가을 하늘을 무리지어 날아다니던 고추잠자리가 급격하게 줄어들고 있습니다. 예전에는 도쿄역 앞에서도 날아다녔는데 최근에는 볼 수 없습니다. 서일본의 고추잠자리의 대부분을 차지하는 정령잠자리는 매년 동남아시아로부터 날아와서 논에 산란하는데, 날아오는 개체수가 해가 갈수록 매우 불안정해지고 있습니다. 후쿠오카현에서는 참개구리도, 두꺼비도, 송장개구리도 그리고 붉은배도롱뇽도, 우렁이도, 미꾸라지도, 물방개도, 물장군도, 장구애비도 멸종위기에 처했습니다. 멸종위기종은 아니지만 참새, 송사리, 개똥벌레도 급격하게 줄고 있습니다.

어디서든 볼 수 있었던 생명체들이 자취를 감추고 있습니다. "그것은 생태계 보전의 문제이지, 농업경제의 과제는 아니"라고 내뱉는 경제학자들에 대해서는 아연실색할 따름입니다.

⑤ 소득은 이제 그만 되었다.

일본 정부가 "농업소득 배가"라는 슬로건을 말하기 시작한 것에는 놀랐습니다. 소득을 늘리고 경제 효율을 추구하면서 지금까지 해온 결과, 황폐해질 대로 황폐해진 것이 논밭이고 산이며 풍경이고 생명들의 모습입니다. 그러므로 앞으로는 경제적 가치를 추구하는 것이 아니라 비경제적 가치를 어떻게 평가해서 국민들의 보물로 삼을까 하는 정책을 구상, 입안하지 않으면 안됩니다. 요컨대 내부로부터의 관점이 결여되어 있는 것입니다.

경제학에서도 비경제적 가치를 '외부경제'로서 파악하고자 필사적이 되고 있습니다. 파악이 가능해서 금액으로 평가할 수 있는 부분은 그렇게 해도 좋겠지만, 애초에 경제로는 파악도, 평가도 할 수 없는 세계가 많다는 것은 명약관화합니다. 적어도 그런 세계가 어떤 것인지를 밝히는 경제학이 있어도 좋을 것입니다. 그런 측면에서 유럽의 농업정책에 주목해야 할 부분이 있습니다.

유럽연합(EU) 여러 나라의 농민들의 경우, 대략적으로 말해서 소득의 3분의 2는 세금으로 충당되고 있습니다. 이것은 "일본 농업은 과보호"라는 세간의 관점을 뒤집을 뿐만 아니라, 그런 과보호인가 과보호가 아닌가 하는 식의 논의를 뿌리에서부터 부정하는 것입니다. 농사의 경제적 가치가 아닌, 자연환경이나 풍경, 국방에 기여하는 역할을 평가하더라도 그에 대한 대가를 시장을 통해서는 보상받을 수 없습니다. 그래서 유럽에서는 주민들의 공적 부담(세금)으로 (농업을) 지탱하고자 하는 정책이 실시되고 있는 것입니다.

⑥지역이 버티지 못한다.

자본주의 선진국들 중에 일본만큼 이농 현상(과소화)이 심한 나라는 없습니다. 그런데 왜 일본만 인구가 도시로 집중된 것일까요? 그 이유에는 두 가지가 있는 것으로 생각됩니다.

첫째, 빨리 자본주의 선진국을 따라잡기 위해서 경제적 가치가 없는 것은 짓밟아버렸기 때문입니다. 자연환경을 공짜로 이용할 수 있었기 때문에 전후 고도 경제성장이 실현될 수 있었다는 것은 명백한 사실입니다. 많은 농지와 야산이 공장 부지나 주택지, 최근에는 대형 쇼핑센터로 바뀌는 모습을 보면 알 수 있을 것입니다. 그러나 토지에 대한 비용은 지불하겠지만, 개발로 잃게 된 천지자연의 은혜에 대해서는 배상이 된 적이 없습니다.

둘째, 비경제적 가치를 제대로 평가하는 정치와 그런 가치관이 형성되지 못했기 때문입니다. 풍경이나 자연환경은 당연한 것으로 여겨져왔습니다. 유럽연합 국가들처럼 풍경이나 자연환경에 대해서 대가를 지불하는 '환경세' 같은 농업정책에서 일본이 뒤처져 있는 것이 그 증거입니다.

현대 일본의 농촌에서는 비경제적 가치가 있는 보물들이 빠르게 사라져가고 있습니다.

⑦ 비경제적 가치를 표현하지 못한다.

농업에 대한 논의가 너무나도 자본주의적이 되어버렸습니다. 사회를 압도하는 '경제' 쪽으로 기울어진, 외부로부터의 논의가 주류가 되었습니다. 일본 농업생산액은 8조 엔, 그러나 농가의 실제 소득은 3조 엔입니다. 벼농사의 노동시간은 10아르당 25시간으로 30년 전의 4할로 줄었습니다. "논농사의 (10아르당) 총수익은 8만 엔인데 경영비가 6만 엔이기 때문에 농업소득은 2만 엔이다"라는 식입니다.

경제지상주의에 대항하기 위해서는 비경제적 가치에 대해서 열심히 논의해야 하는데, 겨우 "다면적 기능"이라는, 어디서 빌려온 용어로 논의되는 정도입니다. 진심으로, 내부로부터의 시선으로, 올해는 고추잠자리가 많이 태어났다. 개똥벌레가 늘어났다, 논을 가로지르는 바람이 정말 시원하다, 같은 말들로 이야기하고 듣는 시대가 되었는데도 자본주의는 이에 대응하지 못하고 있습니다.

농민들도 여전히 경제논리로 주장하고 경제논리로 반론하는 것에 수긍하고 있습니다. 농민들의 TPP 반대 운동이 많은 공감을 얻지 못하는 이유는, 국내에서는 경제적 경쟁을 하더라도 외국과는 경쟁을 하고 싶지 않다는, 논리에 맞지 않는 주장 때문일 것입니다. 농사는 자본주의와 맞지 않다는 사실을 똑바로 표현해야만 폭넓은 공감을 얻을 수 있습니다.

자본주의는 정말로 끝날 것인가

자본주의를 더 발전시키자, 혹은 연명하게 하자는 사고방식보다는 이제 더이상 자본주의의 발전은 무리다, 또는 이제 슬슬 자본주의를 종식시키자는 사고방식이 더 매력적입니다. 왜냐하면 다음에 올 시대를 현대의 연장이 아닌 새로운 시대로서 상상하는 것이기 때문입니다. 여기에는 상당한 자기반성, 각오, 마음의 준비가 필요합니다.

예를 들어서 석유의 채굴 연한은 50년 정도라고 하는데, 새로운 에너지원이 발견되고 신기술이 개발될 것이므로 현재의 생활방식을 바꿀 필요는 없다고 생각할 수도 있을 것입니다. 그러나 이런 사고방식을 갖고서는 현대사회의 모순을 바로 보기 어렵습니다.

그런데 역으로, 자본주의가 종말을 맞을지도 모른다는 전망은 자본주의로 인해서 생긴 수많은 모순과 폐해들을 해결할 수 있는 기회라는 생각을 일으킵니다. 농본주의자는 앞으로도 억지로 경제성장을 계속하여 농사와 천지자연을 이 이상 파괴하기보다는, 이제 그만 일단락시키고 다음 시대를 준비하자고 호소합니다.

우리 농민들은 오히려 자본주의가 끝이 난 다음의 생활은 잘할 수 있습니다. 자본주의가 종식된 다음에 우리 사회가 어떻게될 것인지를 구상한 사람은 별로 없습니다. 그러나 농민이라면 구체적인 이미지를 떠올릴 수 있습니다. 왜냐하면 예전에 경험했던 것이고, 지금도 비록 쇠락했지만 눈앞에 있는 것이기 때문입니다.

자본주의가 끝난 다음

고도로 발달한 자본주의가 가령 대혼란 속에서 종식되면, 투자자들은 큰 손해를 볼 것이고 금융경제 등은 소멸할 것입니다. 그러나 실물경제의 시장이 없어지는 일은 없을 것입니다. 지금보다 범위를 좁혀서 지역에 뿌리를 내린 채 기능하게 될 것임에 틀림없습니다.

농사의 측면에서 자본주의의 종식은 여러 가지로 환영할 일입니다. 그중에서 몇 가지 중요한 것들을 열거해보겠습니다.

① 자급경제의 부활. 식량만이 아니라 상점, 기술자 등의 일들, 에너지 등의 지역적 자급이 본격적으로 부활할 것입니다.

② 시장은 작게 분할되어서 지역에 뿌리를 내리게 됩니다.

③ 생산성을 추구하는 것은 과거사가 되고, 효율보다 생산의 내용이 평가될 것입니다.

④ 생산지 간 경쟁이 끝나고, 지역적 자급을 토대로 한 좁은 범위에서의 유통이 주류가 됩니다.

⑤ '농정'은 지역 수준으로 이동하고, 국가 단위의 농정은 농사의 비경제적 가치를 증대하는 코디네이터 역할로 바뀝니다.

⑥ 농업기술은 생산성보다 천지자연(환경)에 대한 공헌을 목적으로 삼는 방향으로 대전환하게 될 것입니다.

⑦ 농학은 사회의 토대를 구상하는 것으로 변혁되고, 농민이나 주민이 참여하는 것으로 성숙하게 됩니다.

⑧ 농업생산물 가격은 농민들이 느긋하고 착실하게 천지자연

을 지키는 일을 하는 것에 대해서 보상하는 가격이 됩니다.

⑨농민이 되려는 사람들이 늘어서 농촌의 인구과소 현상은 해소되고 농촌은 매력적인 공간이 됩니다.

⑩천지자연의 품속에서 살아가는 농민의 생활양식이 재평가되어서 시대의 주류가 됩니다.

⑪황폐해졌던 논밭과 산야는 잘 가꾸어져서 아름다운 풍경을 가진 농촌이 부활하고 국토는 빛날 것입니다.

⑫천지자연이 안도할 것에 틀림없습니다. 생명체들은 시류의 변화에 신경을 곤두세울 일이 없어져서 안심하고 살아가게 될 것입니다.

이 정도로 해두겠습니다. 저는 자본주의는 결국 끝날 것이라는 관점이 설득력이 있다고 느낍니다. 그러나 자본주의가 끝나든 끝나지 않든, 자본주의로부터 한쪽 발을 빼고 현대를 살아가는 것이 중요하지 않을까요. 그것은 자본주의 이후를 준비하는 것 이상으로, 자본주의를 빨리 끝장내는 삶의 방식이 될 것이기 때문입니다.

제3장

농촌에서 살아가다

— 국가도 지방도 아닌 '마을'의 논리

1. 마을과 국가

지방 시대의 굴욕

농본주의자는 '지방'이라는 말을 싫어합니다. '지방'에 대응하는 것은 '중앙'(국가)이기 때문입니다. 지방은 국가의 일부이고, 심지어 종속적인 관계에 있습니다. 지방분권, 지방창생 등의 발상에서도 중앙의 국가에 아첨하려는 듯한 인상을 지울 수가 없습니다.

우리는 어느새 '국민'이 되어버려서, 시골 마을(지방)의 집합이 국가라고 생각합니다. 그러나 이것은 착각입니다. 풍요로운 시골 마을들이 모이면 풍요로운 나라가 되겠지만, 풍요로운 국가의 농촌들이 반드시 풍요로운 것은 아닙니다. 일본은 세계 3위의 경제 대국이라고 하지만, 농촌은 어디든 황폐한 상태입니다. 그러나 외부의 시선으로 봐서는 어디가 황폐해졌는지 알 수 없습니다.

저는 아름다운 나라를 만들려면 황폐한 농촌이 없도록 만드는 수밖에 없다고 생각합니다. 그런데 우리는 국가가 풍요로워지면 농촌도 풍요로워진다고 믿도록 세뇌되어왔습니다. 국가의 경제 발전을 위해서는 농촌은 버릴 수밖에 없다는 발상이 어떻게 생긴 것일까요?

쌀도 밀가루도 채소도 과일도 연료도, 모두 사는 것이 싸게 치이지만 논밭과 산이 황폐해지는 것을 막기 위해서 경영 측면에서는 수지가 맞지 않는데도 논밭을 갈고, 산을 가꾸는 것—마을의 천지유정의 세계를 지키기 위해서는 이런 생활이 필요합니다. 그런데 국가를 위해서는 이것은 아무런 쓸모없는 일들이라고 합니다. 그렇다면 우리는 농촌과 국가의 관계를 당장 내 주변에서부터, 매일의 일상 속에서 다시 물어보아야 할 것입니다.

'국민화'되기 전의 농민

에도시대까지만 해도 농민들에게 '나라(국가)'라는 의식은 거의 없었습니다.

어니스트 메이슨 사토우의 《한 외교관이 본 메이지유신》(岩波文庫, 1960)에는 놀랄 만한 사실이 적혀 있습니다. 저자는 1864년에 영국, 프랑스, 네덜란드, 미국 4개국 연합함대가 시모노세키 조슈번 포대를 포격했을 때, 연합국의 통역으로서 참가했던 경험을 기록하고 있는데, 당시 전투가 끝나자 구경하러 몰려와 있던 농민과 주민들이 "양이(攘夷) 전쟁 같은 것, 민폐일 뿐이다"라고 하면서, 포대에서 대포를 끌어 내리고 있던 서양인 연합국 병사들을 흔쾌히 도왔다는 것입니다.

조슈번은 당시 존황양이파(尊皇攘夷派)의 강력한 거점이었지만 농민들에게는 그런 것은 아무래도 좋았던 것입니다. 번(藩)에 대한 애정조차 없었습니다. 이것은 당연한 일입니다. 번은 무사들의 것이었고, 농민들에게 있어서 번주(藩主)는 영지에 따라서 바뀌는 관리에 지나지 않았기 때문입니다.

또다른 예로 도사번 출신 이타가키 다이스케(板垣退助)는 자신이 관군의 장군으로서 아이즈번을 침공했을 때에 대해서 이렇게 말하고 있습니다.

아이즈번은 천하 굴지의 강성한 번(藩)으로서, 선정이 베풀어지고 백성들의 생활은 풍요롭다고 한다. 그래서 상하가 마음을 모아 나라를 위해 전력을 다해 저항한다면 3,000명에도 못 미치는 우리 관군이 어떻게 공격할지 걱정을 했다. 그런데 정작 아이즈에 들어가 보니 일반 백성들은 처자식을 데리고 가재도구를 챙겨 사방으로 도망갔고, 저항하는 이 하나 없이 우리에게 복종하여 수족이 되는 이들이 끊이지 않았다. 나는 아직도 그 이상한 광경을 잊지 않고 있다.(《이타가키 다이스케 군전(君傳)》, 인용자 요약)

이 글에서 '나라'는 번을 가리킵니다. 메이지 초기까지 우리 선조 농민들은 '일본 국민'이 아니었습니다. 즉 이타가키나 메이지 정부 지도층이 우려했던 것처럼 '국민의식'(애국심, 내셔널리즘)은 그렇게 쉽게 생기는 것이 아니었습니다. '일본국'은 그때까지는 일부 관료나 지식인들만 갖고 있던 개념이었습니다. 그런데 어느덧 우리 모두가 '일본인'이 되어 '일본국'을 떠받들게 되고, '나라(일본국)를 위한다'는 의식이 생겼습니다. 농민만 그런 것이 아니라 서민들도 점차 '국민화'되었고, 농촌도 일본국에 편입되었습니다.

이쯤에서 애국심과 애향심의 다른 점을 다시 설명해둡시다. 이 둘은 혼동되기 쉬우나 서로 다른 것입니다. 애국심은 근대국가의 성립과 더불어 생겼기 때문에 근대적인 새로운 정서입니다. 한편 애향심은 자신이 자란 고향(시골)에 대한 애착이고, 옛날부터 누구에게나 있는 것입니다. 조슈번이나 아이즈번의 농민들은 애향심은 있었지만 애국심은 없었던 것입니다.

그래서 사람들이 애국심을 갖도록 만들기 위해서, 애향심이 모여서 애국심이 형성된다는 이야기가 만들어집니다. "일본에서 태어나서 다행이다"라고 할 때의 일본의 실체는 눈앞에 있는 시골 혹은 고향인데도, 이제 애국심과 애향심이 구별되지 않게 되어버렸습니다. 교육에 의해서 사람들이 '국민'이 되어버리면, 이렇게 됩니다.

우리 마을의 '국민화'

제가 살고 있는 곳은 에도시대 지쿠젠국의 사나미무라(佐波村)라는 마을인데, 줄곧 자치가 이루어진 지역입니다. 에도시대 초기에는 가라츠번에 속해 있었는데, 1691년에는 막부 직할지로 귀속되었다가 1717년에 나카츠번(현재의 오이타현)으로 바뀌고, 메이지 이후 '일본국'에 소속되게 되었습니다. 그러나 그동안 이 마을의 내실은 조금도 영향을 받지 않았습니다. 마을을 지킬 수만 있다면 어디에 소속되든 상관없습니다.

그런데 이렇게 에도시대부터 변함없이 80가구 정도의 규모로 유지되어온 사나미무라에 1874년에 초등학교가 개설되었습니다. 벽촌의 작은 마을에도 학교를 세워서 '국민화'를 진행시켜야 한다는 당시의 지도자들의 기백이 느껴지는 듯합니다.

이렇게 국가로부터의 교육에 의해서 우리 선조들은 전국적으로 통일된 '일본어'를 배우고, 태양력을 사용하게 되고, '천황'의 존재를 알고, '국민·국가'라는 의식을 습득해서 일본인으로서 자

라난 것입니다. 그리고 근대화(문명개화)라고 불리는 것이 나라를
풍요롭게 하는 것이라는 사고방식을 배웠습니다. 이런 일들을 피
할 수는 없었으리라고 생각합니다. 그러나 이런 과정으로 인해서
시골 마을과 천지자연에 커다란 상처가 남게 되었다는 사실에 대
해서 이제는 되돌아보아야 할 것입니다.

저희 마을에서는 시청에서 만든 마스터플랜에 대항해서 주민
이 모두 다 함께 마을의 장기 계획을 독자적으로 책정했습니다.
그런데 이 과정에서 우리가 다시 한번 자각한 것은, 계획의 절반
은 주민의 힘으로 성취할 수 있지만 나머지 절반은 시나 현, 중앙
정부에 요청해서 도움을 받을 수밖에 없다는 것입니다.

예를 들어, 마을을 가로지르는 2급 하천이 있는데, 재해 복구
를 하면서 콘크리트 공사를 해서 자연생태계가 파괴되었고, 상류
에 댐이 들어서면서 예전에는 마실 수 있었던 물이 오염되었습니
다. 이 강을 이전의 상태로 되돌리는 것이 우리 마을의 장기 계획
의 핵심이지만, 주민들만의 힘으로는 불가능합니다. 주민에게는
권한도, 예산도 없습니다. 이렇듯 우리는 마을의 자치를 빼앗긴
채 있습니다.

애향심과 애국심의 다른 점

애향심과 애국심의 관계를 잘 알 수 있는 것이 2006년에 개정
된 일본의 '교육기본법'입니다. 제2조를 보면, 국민국가에서 중
요하다고 생각하는 것을 세 가지 들고 있습니다. "생명을 귀하게
여기고, 자연을 소중하게 생각하며, 환경의 보전에 기여하는 태

도를 기르는 것. 전통과 문화를 존중하고 이것들을 잘 간직해온 우리나라와 향토를 사랑함과 더불어 다른 나라를 존중하고 국제 사회의 평화와 발전에 기여하는 태도를 기르는 것."

당시 저는 감개무량하면서도 기묘한 기분이었습니다. 자연환 경을 사랑하는 마음이나 향토를 사랑하는 마음이 교육으로 길러 지는 것일까 하고 말입니다. 확실히 나라를 사랑하는 마음(애국 심)은 교육으로 가르치지 않으면 길러지지 않습니다. 그러나 자 연애와 향토애(애향심)는 일상 속에서 자연스럽게 체득하는 것이 아닐는지요? 자연이나 향토의 가치는 사람에 따라서 각기 다르 게 느낄 것이고, 저는 그런 것들을 학교에서 가르치거나 배운 경 험은 없습니다.

이렇게 말하면 "자연이나 향토를 사랑하는 마음을 체득하고 기르는 힘을 사회가 잃어버렸기 때문에 교육을 하는 것"이라는 반론이 있을 법합니다. 그렇다면 우선 잃어버리게 된 원인을 찾 아서 그것을 제거하거나 변혁해야 할 일입니다. 그러나 이것은 결코 가능하지 않은 일입니다. 왜냐하면 그 원인은 현대사회를 떠받치고 있는 '근대화 정신'과 '자본주의'이기 때문입니다. 즉 이 새로운 교육 기본법은 커다란 모순 위에 성립되어 있는 것입 니다.

따라서 자연애도 애향심도 사람이 의도적으로 가르칠 수 없는 것인데 이것을 가르치려고 한다면, 그것은 국가의 관점에서 내려 다보는 것이 될 우려가 있습니다. 그러나 그런 의도가 잘 실현되 지는 못할 것입니다.

한편 애국심은 인위적으로 의도적으로 가르칠 수밖에 없는 것인데, 그 가르치는 방법이 어렵습니다. 왜냐하면 애국심만으로는 내용이 공허하기 때문에 애향심에 의지해야만 하는 경우가 많기 때문입니다.

멸종위기종의 애향심

애국심과 애향심의 관계를 일본 환경성이 공표한 '멸종위기종'의 예를 가지고 살펴봅시다. 우선 환경성의 멸종위기종 지정은 내셔널리즘의 극치로 보입니다. 왜냐하면 황새나 따오기처럼 세계 각지에서 살아가는 생명체도 일본에서 사라질 위기에 처했다면 멸종위기종으로 지정하기 때문입니다. 또 우리 마을에서는 사라졌는데도 다른 마을이나 다른 지역에서 볼 수 있다면 멸종위기라고 하지 않습니다. 어디까지나 일본 전국 규모에서 전멸될 우려가 있어야만 비로소 멸종위기종으로 지정됩니다.

그런데 이러한 멸종위기종은 해당 생물이 마지막까지 남아 있는 마을 주민들의 애정이 없으면 지킬 수 없습니다. 황새나 따오기는 국가적 가치로서만이 아니라, 지방인 효고현 도요오카시와 사도시의 농민들과 주민들의 애향심에 의해서 부활운동에 탄력이 붙었습니다. 국가적 가치로서 멸종위기종을 지정하는 것은 종(種)으로서의 생명체를 대상으로 하는 일이지만 그 생명체에 대한 애정은 포함하지 않습니다. 그렇기 때문에 그 생물종을 지키기 위해서는 애향심의 애정이 필요한 것입니다. 국가적 위기는 시골 마을의 위기로부터 시작된다는 사실을 잊어서는 안됩니다.

애향심의 애정 위에서 애국심이 꽃피는 것입니다.

즉 애국심은 자연을 사랑하는 마음과 애향심을 토대로 하지 않으면 성립하지 못합니다. 자연과 향토를 파괴한다면 국민국가 자체가 성립하지 못한다는 것은 끊임없이 강조해야 할 일입니다.

그래서 국가는 "자연을 소중히 하자", "향토를 사랑하자", "전통을 존중하자"라고 하는 것일까요? 그러나 그렇지 않다는 사실이 문제입니다. 저에게는 국가로부터 무시되고 버려진 세계의 비명이 매일같이 크게 들려옵니다. 이미 국가가 장악하고 있는 농업의 경제적 가치가 아니라, 농사의 토대이자 본질인 정념(情念), 일, 전통, 자연으로써 국민국가에 다시금 대항하는 시대가 되었습니다. 그러나 그런 애향심으로 정말 국가가 궤도를 수정하도록 할 수 있을까, 하는 의문이 생길 것입니다.

'농본 내셔널리즘'의 정체

농본주의는 공업·상업의 대두와 농업의 쇠퇴가 현저해진 메이지 초기부터 쇼와 초기에 걸쳐서 태어났습니다. "농업의 역할은 국민에 대한 식량공급이다"라는, 오늘날 일본 국민 전체에 널리 퍼진 생각은 농본주의자가 고안해낸 새로운 '애국심'이었다고 할 수 있을 것입니다. 근대화에 대항하기 위해서, 혹은 근대주의자를 끌어안기 위해서도 이런 내셔널리즘이 필요했던 것입니다.

여기서 중요한 것을 깨닫게 됩니다. 농사가 생업이었던 시대에는, 농민의 입장에서 보자면 시골에서 태어나서 자라고 살아가다가 죽어가는 것, 그 외에 농사에 어떤 의미를 부여하거나 가치를 부여하는 일이 필요하지 않았습니다. 농사는 문자 그대로 농사(생업)였습니다. 그걸로 충분했습니다. 국가적으로 가치 있는 것이어야 할 필요는 전혀 없었습니다.

그런데 농사를 구하기 위해서 농본주의자들은 "국민과 국가에게 있어 (농사가) 중요하다"고 말하기 시작했습니다. 이들은 그렇게 말하지 않으면 안된다고 자각하게 된 최초의 농민들이었습니다. 일본이 상공업을 중심으로 근대화를 추진해가는 가운데, 산업화되기 힘든 농사의 지위가 계속 하락했을 뿐만 아니라, 그로 인한 온갖 문제들이 농촌을 덮쳤습니다. 농민들이 몰락하고, 지주들의 소유지가 전체 농지의 절반에까지 이르게 됩니다. 에도 시대보다도 더 나빠진 상황을 보고 국가의 존재방식에 대해서 질문해야 한다고 자각하게 되었을 때, 애국심을 내세우는 수밖에 없었던 것입니다.

그 결과, 농본주의자들이 정말로 주장하고 싶었던, 돈이 되지 않는 농사의 당연한 가치들이 눈에 잘 보이지 않게 되어버렸습니다. 그리고 이러한 경향은 전후에 오히려 더욱 강해지고, 농사의 진정한 가치는 행방불명이 된 채로 오늘에 이르렀습니다.

'국민국가'를 추궁하다

오키나와는 우리가 '국민'이 되기 전의 위치에 대해서 알 수 있게 해주는 실체입니다. 류큐국은 1609년 사쓰마번의 침공에 패배하고 사쓰마번에 의한 간접지배를 받다가 메이지유신으로 류큐번이 되었습니다. 1879년에는 메이지 정부의 무력에 의한 '류

큐처분'으로 왕정과 류큐번이 폐지되고 오키나와현으로서 일본에 편입되었습니다. 그리고 제2차 세계대전 후에는 미국에 의해 부당하게 점령되어서 약 30년 동안은 일본이 아니었습니다. 이러한 역사의 모순은 지금도 불식되지 않고 있습니다. 현재 오키나와 현민 대부분이 기지에 반대하고 있는데도 일본 정부는 일본에 있는 미군기지의 74퍼센트를 오키나와에 주둔시키고 있습니다. 이렇게 해당 지역에서 반대해도 국가의 의지가 우선시되는 것도 겨우 100여 년 전부터의 일입니다.

오키나와에서는 독립하자는 움직임이 줄곧 있어왔습니다. 그런데 오키나와의 독립에 반대하는 이유 중에서 가장 큰 것이 '경제적으로 동남아시아처럼 가난해져도 좋은가?'라는 것입니다. 여기에서도 일본 본토에서와 마찬가지로 '국가가 번영하지 못하면 지방도 번영하지 못한다'는 생각이 드러납니다. 오키나와가 보여주고 있는 것은 '지방이 황폐해도 아름다운 나라일 수 있을까'라는, 또 하나의 내셔널리즘이 아닐까요? 농본주의자는 국가가 보살펴주는 '지방'이 아니라, 시골 마을의 문제는 마을에 맡기는 정치시스템을 구상합니다.

2. 혼자서 살아가는 것이 아니다

'좋은 일'이란

농사일은 혼자 하더라도 천지유정의 공동체와 이어져 있습니다. 이것에 대해서 설명하겠습니다. 현대사회에서는 '좋은 일'이란 생산성이 높은 일, 즉 소득이 높은 일이라고 생각하는 사람들이 많을 것입니다. 경제적으로 크게 구애받지 않는 사람이라고 하더라도 충족감을 주는 일, 사는 보람을 느낄 수 있는 일이라고 대답할 것입니다. 그러나 천지유정의 공동체 속에서는 그런 자기본위의 평가는 자취를 감추고, 천지유정에 대한 영향이 기준이 됩니다.

농촌에서는 "일을 잘해줘서 고맙다"고 인사를 받는 경우가 있습니다. 천지유정의 공동체(마을)에서는 어떤 일이 좋은 일일까요? 우선 대가(수당, 품삯)를 받는 일은 제외됩니다. 즉 개인의 영리를 위한 일은 해당되지 않습니다. 논을 갈거나, 모내기를 하거나, 논두렁의 풀베기 같은 일들은 '좋은 일'이라고 말하지 않습니다. 또 모내기 전에 마을 사람들이 모두 같이 하는 수로 청소 같은 일도 각자 자신의 논에 물을 대기 위한 것으로, 자신에게 이익이 되기 때문에 제외됩니다.

본래 의무가 아닌데도 필요하기 때문에 하는 일이 '좋은 일'입니다. 농로에 여우가 죽어 있었다고 합시다. 내버려두면 지나다니기가 불편하니까 옆으로 치웁니다. 그러나 그렇게만 해서는 여우가 가엾기도 하고, 또 부패해서 냄새도 날 것이기 때문에 도로옆에 땅을 파서 묻습니다. 합장을 하고, 어쩌다가 죽었을까 하고 잠시 여우에 대해서 생각합니다. 만약 마을의 누군가가 이런 광경을 보았다면, "좋은 일 했구나" 하고 인사를 할 것입니다. 또 내 논 아래쪽에 있는 강변의 풀은 내가 뱁니다. 그러나 그곳은 다른 마을 사람들도 물을 긷거나 농기구를 씻거나 하는 곳이기 때문에, "좋을 일 해주었군" 하는 감사 인사를 받습니다.

지방도로 위에 드리워진 나무줄기나 대나무를 잘라서 정리하든지, 도로 옆 풀이 무성하면 인접한 농지를 소유한 농민이 자르는 것은 다반사입니다. 이제 이런 일들은 관청에 요청하면 공무원이 하는 일이 되긴 했지만, 농촌에서는 전화를 할 바에야 스스로 처리해버립니다. 요컨대 천지유정의 공동체를 지탱하는 무상의 일들이 모두가 칭찬하는 일입니다. 이러한 감각은 자본주의 가치관에서는 찾을 수가 없습니다.

실은, 개인적 영리를 위한 농사일조차도 실제로는 돈이 되지 않는 가치(공익)를 만들어냅니다. 제가 모내기를 하기 때문에 우리 마을의 풍경은 올해도 변함없고, 시원한 바람이 마을을 가로질러서 붑니다. 개구리도 울고, 잠자리도 날며, 제비도 새끼를 키울 수 있습니다. 즉 작년과 같은 분위기의 마을이 되는 것입니다. 이렇게 저의 '개인적인 일'에 의해서 자본주의경제에서는 '돈이 되지 않는 것들'이 잔뜩 생산됩니다.

그러나 시장경제는 이런 천지유정의 공동체에 대한 공헌을 '생산', '생산물'로 평가할 수 있는 시스템을 개발하지 못했습니다. 그래서 농본주의자는 시장경제와는 별도로 일 속에 포함된 '좋은 일'을 평가하는 시스템을 구상합니다. 일(노동)의 상당 부분은 자본주의에 포위되지 않도록 하고 싶습니다.

공짜 일

지금까지 제가 서술해온 일들은 모두 '공짜 일'로 볼 수 있습니다. 한편 일본 정부는 농사일의 이런 성과를 "다면적 기능"이라고 표현하는데, 이것은 커다란 기만입니다. 농림수산성은 이런 일도 농산물 가격이라는 형태로 대가가 지불되기 때문에 공짜 일이 아니며, 이런 일들의 비경제적 가치는 "어쩌다 부산물로서", "농업이 갖고 있는 기본적인 성격으로 인해서" 자연히 나타나는 "기능"이라고 말합니다. 이것은 농사를 시장경제에 포괄하기 위해서 생각해낸 아이디어라고 생각되지만, 속임수에 불과합니다.

"다면적 기능"은 원래 "공익적 기능"이라고 말하던 것입니다. 그러나 공익이라는 말을 쓰면 농민들이 공적인 부담을 요구할 가능성이 있습니다. 논에서 태어나는 고추잠자리가 공익이라고 하면, 많이 태어나는 해에는 전국에서 1년 만에 200억 마리가 태어나기도 하니까 잠자리 한 마리에 10엔이라고 쳐도 2,000억 엔을 농민들에게 지불하라는 논리가 성립할지도 모릅니다.

한편, 농민들이 공익을 위한 일을 하고 대가를 받지 못하고 있다고 항의를 하면, "지금까지 그렇게 해왔는데 왜 새삼스레 공짜면 안되는가?" 하고 반론할 것입니다. 이에 대해서는, 지금까지는 '공짜 일'이라도 맡아 할 여유가 시골 농민들에게 있었지만 이제 한계에 왔다고 말해야 합니다. 자본주의가 발달한 결과, 마침내 대가를 받지 않는 '좋은 일'도 멸종되기 직전에 왔습니다. 그리고 이것은 천지유정의 공동체가 쇠퇴하게 된 큰 원인입니다.

천지유정의 '공동체'

농촌생활의 토대가 되는 것이 '공동체'입니다. 물론 이 말도 외래어인 '커뮤니티'를 번역한 것으로, 곤도 세이쿄가 말하는 '사직'에 해당하는 것입니다.

그런데 번역을 하면서 서양 말에는 없던 뜻이 포함되었습니다. 우치야마 다카시(內山節)는 《공동체의 기초 이론》(農文協, 2010)에서, 농촌의 공동체를 논할 때에는 자연과 인간의 관계, 삶의 세계와 죽음의 세계의 통합, 자연 신앙, 신불(神佛) 신앙과의 일체화를 빠뜨려서는 안된다는 매우 중요한 제안을 하고 있습니다. 저는 여기에 생명체(유정)와 농사일에 대한 정애를 덧붙이겠습니다.

지금까지는 인간만의 세계로서 공동체를 이해했습니다. 특히 농촌공동체는 논에 물을 대는 공동작업으로 대표되듯이 같은 목적을 위해서, 같은 일을 위해서 힘을 모아야만 한다는 것이 강조되었습니다. 모두 서로 도와서 버틴다는 좋은 측면과 개인이 자유롭지 못하다는 제약이 있다는 식의 이해밖에 없었습니다.

그러나 여기에 생명들과 사람들 간의 관계를 더해서 생각하게 되면 양상은 확 변합니다. 생명(체)는 소유할 수 없습니다. 즉 생명과 사람의 관계도 소유할 수 없습니다.

예를 들어 저희 집 논에서는 매년 10아르당 올챙이가 20만 마리, 개구리가 1,000마리, 고추잠자리가 2,000마리 태어납니다. 개구리가 우는 소리는 마을 전체에 울려 퍼지고, 고추잠자리는 온 마을을 날아다니다가 이내 홋카이도로까지 북상하는 모양입니다. 저는 개구리나 고추잠자리가 잘 자랄 수 있도록 모내기 후 4~5일간 논에 물이 마르지 않도록 잘 살핍니다. 이것을 천지자연으로부터의 속박이라고 본다면 그럴 수도 있지만, 개인의 자유에 대한 속박이라고 본다면 그것은 매우 왜곡된 관점이라고 할 것입니다. 게다가 저는 고추잠자리나 개구리에 대한 소유권을 주장하지 않습니다.

저뿐만이 아닙니다. 농민 누구도 소유권을 주장하지 않습니다. 개구리나 고추잠자리에 국한되는 이야기가 아닙니다. 논을 찾아오는 사계절 그때그때의 풍경은 농민들의 농사일에 의해서 반복해서 출현하는 것입니다 그러나 농민들은 이런 풍경에 대한 소유권을 주장하지 않습니다. 누구라도 공짜로 볼 수 있습니다.

어떻게 이렇게 되는 것인가 하면, 자본주의 이전부터의 가치관을 자본주의에 맞추려고 하지 않았기 때문입니다. 이것은 자본주의사회에서는 흔치 않은 일입니다. 한편 자본주의도 이런 것들을 시장에 편입시키려고 하지 않았습니다. 공짜로 누리는 것이 자본주의의 입장에서 좋기 때문입니다.

이것이 농사의 가치관에 있어서 가장 중요한 것입니다. 농민이 논을 갈고, 모내기를 하고, 논을 살피고, 논두렁의 풀을 벱니다. 지금까지 이런 것들은 농업생산의 사적 행위(노동)로서, 쌀 가격이라는 형태로 그 대가가 시장에서 지불된다고 하는 것이 농업에 대한 일반적인 이해였습니다. 그러나 농본주의자는 그렇게 생각하지 않습니다. 농민이 논을 갈고 모내기를 하고 논두렁의 풀베기를 하는 것은, 생명체들을 기르고 풍경을 출현시키며 천지의 '은혜'를 끌어내서 모두(농민 이외의 사람들까지)에게 바치기 위해서 하는 일이라고 농본주의자는 주장하는 것입니다.

이 은혜는 '공익'입니다. 농사일은 개인적인 행위로 보일지 모르지만, 공익을 만들어내는 공적인 일입니다. 그리고 이 공익에 대한 대가를 요구하지 않는 것은, 그것을 만들어내는 주체가 농민이 아니라 천지자연이기 때문입니다. 개인의 자유보다 천지자연의 법을 우선시하는 것입니다.

농민이 천지 속에서 일하면서 온갖 '은혜'를 받아 살아가는 세계를 저는 '천지유정의 공동체'라고 부릅니다. 천지유정의 공동체는 농작물 이외의 것들을 무상으로 공급해왔습니다. 농민들은 이것을 당연한 것으로 여기고 특별히 표현하지 않았습니다.

천지유정의 공동체는 모두에게 열려 있기 때문에 모두의 것입니다. 따라서 모두 함께 지키지 않으면 안됩니다. 여기서 '모두'란 국민국가 이전이었다면 마을(농촌) 구성원 전부였기 때문에 마을에서 지키면 되었지만, 현대에는 국민이 지켜야 합니다. 당연히 국가는 이것을 지킬 의무를 지고 있습니다. 천지유정의 공동체를 지키기 위해서라면 '농정'이 존재해도 좋다는 것이 농본주의자의 생각입니다.

유동적이고 무미건조한 국내총생산(GDP)을 국익의 핵으로 삼을 것이 아니라, 마을의 모체이면서 농촌과 국토를 지탱해온 천지유정의 공동체의 힘을 소중히 하라고 농본주의자는 말합니다.

천지유정의 공동체의 쇠퇴

때때로 마을 사람들이 풀이름을 가르쳐달라며 저한테 찾아옵니다. 그런 경우는 항상 외래종입니다. 원래부터 있던 풀이라면 저한테 물을 필요도 없겠지요. 그런데 그런 외래종 풀이 매년 늘

어나고 있습니다. 게다가 그 증가 추세가 보통이 아닙니다. 몇년
만에 마을 어디서든지 볼 수 있게 됩니다. 특히 정비했거나 제초
제를 살포한 논두렁에는 금세 자리를 잡습니다.

물론, 일본에 들어오게 된 외래종의 수가 현격히 증가한 것이
가장 큰 원인이지만, 그것에 저항하는 천지자연의 생명의 힘이
쇠약해진 것도 사실입니다. 그리고 그 주된 원인이 농업의 근대
화 기술에 있다는 것은 지금까지 설명했습니다.

그러나 그보다 이런 외래종을 알아채는 사람들이 농촌에서도
줄어들고 있는 것이 걱정입니다. 생명체들의 이름을 부르며 일하
는 농민들도 급격하게 줄었습니다. 사람들이 천지유정의 세계를
바라보는 시간들이 줄어버린 것이, 천지유정의 공동체가 쇠퇴하
게 된 또 하나의 원인일지도 모릅니다.

3. 인간만 살아가는 것이 아니다

농민은 인간중심주의에 빠질 수 없다

최근 위세를 떨치고 있는 자유지상주의자(libertarian)들은 "노력
하는 사람이 보답받는 사회"가 좋은 사회라고 말합니다. 그러기
위해서 능력 있는 사람이 이기고 능력이 없는 사람은 가난해지는
것은 어쩔 수 없는 일이라고 주장합니다. 인간 욕망을 전면적으
로 긍정하는 이러한 사고방식과 농본주의는 정반대에 위치합니
다. 농민들은 천지자연의 은혜로 살아가는 이상 인간중심주의가
될 수 없고, 어디까지나 천지중심주의입니다. 돈을 잘 벌지 못해

도, 사회의 흐름을 잘 타지 못해도, 그 나름으로 살아갈 수 있는 사회(공동체)가 좋지 않을까요?

아무리 뛰어난 기술을 사용해서 수확량을 배가한다고 해도 그 증가한 양의 90퍼센트는 천지자연의 힘으로 된 것이라는 점을 잊어서는 안됩니다. "그렇지만 이 기술이 있었기 때문에 천지자연의 힘을 이끌어내서 수확량을 배가한 것이다"라고 주장하고 싶다면, 그 기술이 정말로 천지자연에 부담을 주지 않는지 검증을 하고 나서 발언했으면 좋겠습니다. 그리고 가능하다면 천지자연의 힘에 대한 대가도 지불하고 나서 주장하기를 바랍니다.

농본주의자라면 '논밭의 작물은 생명체로서, 사람이 만들어낼 수 없다'는 것이 자명하다고 생각합니다. 농작물을 '만든다'고 하는 즉시 우리는 인간중심주의에 빠져 교만해지게 됩니다. 그것은 천지의 힘이 무상(無償)이라는 것을 잊었기 때문입니다.

이것을 증명해주는 좋은 사례가 있습니다. 농사 체험으로 제일 많이 하는 것이 모내기인데, 대부분 전근대적인 방법, 즉 손으로 일일이 심는 방식으로 합니다(저도 손으로 모심기를 합니다). 농사일은 난생처음인 아이들이 심은 모(苗)도, 처음에는 열이 맞지 않고 휘어진 게 눈에 띄어도 시간이 지나면 그렇게 된 것을 잘 모르게 되고 벼도 잘 자랍니다. 이것은 벼가 아이들(인간)의 힘이 아니라 천지의 힘으로 자라기 때문입니다. 천지유정의 공동체의 일원이기 때문에 천지자연의 힘을 받는 것입니다. 그리고 온 국민이 어딘가의 천지유정의 공동체의 일원이 되는 것이 농본주의자가 목표로 하는 것입니다.

욕망이 일어나지 않는 세계

자본주의가 발달하기 전에는 농민이 아니더라도 그다지 욕망이 일어나지 않았습니다. 이것은 천지유정의 공동체의 영향이 아닐는지요?

천지는 인간의 욕망에는 답하는 일이 없습니다. 여름은 덥고 겨울은 춥습니다. 그러나 여름의 그늘에 부는 시원한 바람은 몸속까지 시원하게 불어오고, 겨울의 볕 잘 드는 양지는 마음까지 따뜻하게 해줍니다. 황새냉이 꽃이 피면 볍씨가 자신을 물에 담궈달라고 목청을 높이고, 꽃무릇에서 잎이 나오면 이제 여름철 풀들은 더 자라지 않습니다. 천지의 움직임에 맞추고 천지의 재래(再來)를 기다리며, 천지가 맹위를 떨칠 때는 조용해지기를 기다리는 것, 이런 것들은 결코 인간의 패배가 아니며, 천지의 품에 안기는 것을 반기는 농민들의 감성인 것입니다.

농본주의자의 삶의 방식이 금욕적으로 보이는 것은, 천지유정의 공동체에 대한 감사를 무엇보다 우선시하기 때문입니다. 그것은 그렇게 하지 않으면 천지의 은혜를 풍족하게 받는 지혜를 잃어버린다는 사실을 알기 때문입니다. 천지에 대해서 요구를 들이밀면 천벌을 각오해야 할 것입니다.

논에 둘러싸인 시골 여관에는 개구리 소리가 시끄럽다고 불평하는 손님들이 있다고 합니다. 저희 집에 왔던 친구들 중에는 주변 귤 밭의 귤꽃 향기가 심해서 잠을 이루지 못하는 사람도 있었습니다. 천지의 은혜에 대해서 우리가 이렇게 어색한 느낌을 갖게 되는 것은 슬픈 일입니다.

개구리 소리나 귤꽃 향기를 즐기게 되는 것은 욕망을 충족시키는 것일까요? 욕망이 아닌 다른 무엇인가가 채워지는 것이 아닐까요? 그것은 '자연스러운' 상태가 되는 것일 것입니다. 이런 세계에서는 욕망이 일어나지 않습니다. 이것은 금욕 상태와는 다른 것입니다.

욕망을 자제하며 얻는 안심

검소하게 살면 마음이 평안합니다. 사치를 하면 불안해지는 것은 왜일까요? "사치에 익숙하지 않아서"라고도 말하지만, 이유가 그것만은 아니라고 저는 생각합니다. 불교는 고통(번뇌)으로부터 벗어나는 지혜와 방법을 가르쳐줍니다. 현실 세계에 대한 집착과 집념을 버리라고, 욕망이야말로 고통과 번뇌의 원인이라고 가르쳐줍니다.

그러나 근대라는 세계는 무엇에 관해서든 인간 중심의 관점을 권장하고, 좋은 욕망이라면 실현하는 것을 목표로 합니다. 과학 기술의 발달로 자신의 힘으로 이룰 수 없었던 것이 실현되게 되면서 좋은 욕망에 대해서는 전면적으로 긍정하게 되었습니다. 그것을 "인간성의 개화"라고 했습니다. 유감스럽게도 불교는 이에 대해서 본격적으로 반대하지 않았습니다.

그러나 이와 같이 욕망을 마음껏 펼치게 되면 제어할 수가 없게 됩니다. 욕망이 비대해지는 것은 인간의 행복으로 이어지지 않습니다. 편리하고 풍족하고 편해졌다고 해서 행복하다고 할 수 없다는 사실은 누구나 느끼고 있습니다. 잃어버린 것이 보일 때

우리는 불안해집니다. 아니, '안심의 세계'를 잃었기 때문에 우리의 고통은 깊어지는 것입니다.

그러면 '안심의 세계'란 무엇일까요? 10년이 하루처럼 반복되는 것이야말로 과거로부터 미래로 흘러가는 것입니다. 이러한 변함없는 삶이 우리를 안심의 세계로 품어줍니다. 이 안심의 세계가 욕망을 잠재우고, 근대적 가치관에 대항할 수 있게 해줍니다. 그 대표적인 것이 천지유정의 공동체입니다.

농사는 천지에 떠 있는 커다란 배라고 말했습니다만, 다시 한번 강조하고 싶은 것은, 이 배에 타고 있다는 자각이 바로 안심의 근거가 된다는 것입니다. 천지유정의 공동체의 본질은 말하자면 천지중심주의로, 인간중심주의로부터 분출되는 욕망을 길들여서 진정시켜 줍니다.

따라서 농본주의자가 소중하게 여기는 것은 천지자연에 몰두하는 것입니다. 그럴 때 인간은 망아의 경지에 이르고 욕망은 사라집니다. "하지만 그런 순간이 지나가고 다시 나로 돌아가면 도로아미타불 아닌가?"라고 할지도 모르겠습니다. 그러나 그래도 좋습니다. 그런 한때를 반복하고 반복해서, 다시 음미하고 잃어버리지 않으면 됩니다.

4. 과거와 미래를 이어주는 삶의 방식

과거를 위해서 산다는 것

'과거를 위해서 산다'고 말하면, 상당히 소극적인 인상을 주지만 사실은 그렇지 않습니다. 우리는 앞서 살았던 사람들로부터 큰 재산을 무상으로 받았습니다. 그중 최대의 재산은 천지자연과의 관계를 풍요롭게 안정시키는 '무형의 지혜'입니다. 개구리가 산란을 시작하는 시기에 모내기를 하고, 고추잠자리가 날아다니는 시기에 김매기를 하고, 꽃무릇의 개화에 맞춰서 논두렁의 풀베기를 하고, 백조나 기러기, 학을 위해서 이삭을 떨어뜨리는 등과 같이 계절에 따른 농사일은 선인들이 남긴 지혜의 체계입니다. 우리는 그 인과관계는 잘 모릅니다. 그러나 잘 몰라도 괜찮습니다.

다음으로 조상들로부터 물려받은 '유형의 대지'가 있습니다. 선인들은 천지유정의 공동체에 땅까지 포함시켰습니다. 논밭을 개간하고, 수로와 저수지를 만들고, 산이나 해변에 나무를 심어서 천지자연의 은혜를 받기 위한 토대를 남겨주었습니다. 저도 논을 갈면서 자주 생각합니다. 논이 되기 전에 이 자리에 있었던 나무를 뽑아내고, 돌을 치우고, 돌담을 쌓고, 땅을 평평하게 만들고, 물을 끌어오기까지 모두 스스로 네 힘으로 하라고 하면 막막할 것입니다. 선인들에게는 그저 머리가 숙여질 뿐입니다.

이렇게 유무형의 재산을 이어받았지만, 선인들에게 감사를 표하고 싶어도 할 수 없습니다. 그러면 어떻게 하면 감사 인사를 할 수 있을까요? 그저 꾸준히 땅을 가는 것이 그 유일한 방법이 아닐까요?

나고 또 나고, 죽고 또 죽어, 땅을 가는구나.

제가 좋아하는 무라카미 기죠(村上鬼城)의 하이쿠입니다. 논밭이나 산림을 눈앞에 두면 이런 감정이 늘 북받쳐 올라옵니다.

미래를 위해서 산다는 것

그러면 미래를 위해서 산다는 것은 무엇을 의미할까요? 한마디로 말하자면, 과거 세대로부터 물려받은 것을 미래 세대에 잘 남겨주는 것입니다. 논, 밭, 산, 강과 수로, 마을과 전통행사 그리고 생명체들과 농민들의 경험(지혜), 즉 천지유정의 공동체의 모든 것을 쇠퇴시키지 않고 남겨주는 것입니다.

50년 후의 삶을 생각해보면 될 것입니다. 그러면 채굴 연한을 늘리기 위해서 석유는 생산을 줄여야 할 것이고, 그 소비와 배분에도 우선순위가 매겨질 것입니다. 다시 한번 천지유정의 공동체의 힘을 평가해서, 거기에 의지할 준비를 하지 않으면 안됩니다. 이웃 할머니가 아궁이에서 밥을 짓는 것은 뒤떨어진 것이 아니라 미래를 내다보는 최첨단의 생활방식인 것입니다.

현세의 이익만을 위해 사는 것의 위험성

현대 자본주의의 가치관은 과거를 부정하면서, 미래를 준비하는 사상도 내포하고 있지 않습니다. 15년쯤 전의 일인데, 우리 마을 사람들이 함께 심은 마을의 공유림에 있는 삼나무를 벌목하게 되었습니다. 그래서 견적을 내보았더니 수령 40년이 된 나무들인데 한 그루당 140엔이었습니다. 여기에 품과 시간도 계산에 넣어야 하니까 수지가 맞을 리가 없습니다.

40년 후 미래에 남기려는 목적으로 심어진 삼나무 묘목들은, 40년 후의 세상에서 환영받지 못할 것을 상상이나 했을까요? 현대사회는 이렇게 과거의 꿈(미래를 위한 꿈)을 짓밟아버리고, 미래를 생각해서 미래를 위해 일하고자 하는 정신을 말살해왔습니다.

그러나 현대라고 하는 시대의 가치관에 맞지 않다고 해서 농사를 그만둘 수는 없습니다. 꾹 참고 견디며 아무 일 없었다는 듯이 미소 짓고, 올해도 천지유정의 공동체를 계속 지켜나가는 것입니다.

5. 마을의 사상

마을 안에 나라가 있다

지금은 고인이 된 가수 겸 작곡가 무라시타 고조(村下孝藏)의 〈이 나라에 태어나길 잘했다〉라는 곡이 있습니다. 사계절 각각의 풍경을 칭송하며 "이 나라에 태어나길 잘했다"고 읊조리고, 연인에게 "단 하나뿐인 고향에서 그대와 함께 살아가리"라며 자신의 마을을 노래합니다. 그렇기 때문에 실감이 느껴집니다.

그런데 우리도 좋은 일이 있거나 멋진 것을 보거나 하면 "이 마을에 태어나길 잘했다"고 할 것을, "일본에 태어나길 잘했다"고 말하면서 굳이 '나라'를 끄집어내는 것은 왜일까요? "일본에서 제일이다"라는 칭찬의 말도 같은 감정일 것입니다. 일본이라고 해도 가본 적도 없는 마을이나 도시가 압도적으로 많을 테니,

엄밀하게 말하면 일본에서 최고인지 어떤지는 모릅니다. 마찬가지로, "일본에서 태어나길 잘했다"라고 말할 때의 '일본'은 실제로는 자신이 사는 곳을 말하는 것인데 무심코 '일본'이라고 말합니다. 우리가 그런 식으로 교육을 받았기 때문입니다.

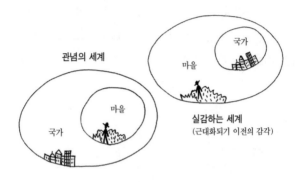

위의 그림을 봐주십시오. 현대인이라면 오른쪽 그림은 뭔가 이상해 보일 것입니다. 국가가 작고 마을이 더 큰 범주로 표현되어 있습니다. 그러나 이것이 근대화되기 전 사람들의 감각이 아닐까요? 인생의 99퍼센트는 마을에서 살아갔고 그곳에서 느끼는 것들이 압도적으로 많으니 말입니다. 그러므로 왼쪽 그림을 머릿속의 세계, 오른쪽이 실감하는 세계라고 할 수 있을 것입니다.

이런 감각이 있기 때문에 위화감 없이 자신이 사는 곳으로서 일본을 '대표', '대변', '대체'할 수 있는 것입니다. 이 감각은 지금도 남아 있습니다. 시골에서 살아가는 농민들의 실감으로는 마을의 세계가 자신의 세계의 거의 전부를 이루고 있습니다. 국가는 신문이나 텔레비전, 잡지 그리고 때때로 관청이나 농협에서

온 안내문 같은 곳에서 얼굴을 내밀 뿐입니다. 먼 곳에, 조그맣게 존재할 뿐입니다.

하지만 일단 사는 곳을 벗어나서 일상적인 농사일과 전혀 관계없는 회의 같은 데 참석하게 되면 사정이 바뀝니다. 마을이 국가 속에 작게 떠 있게 됩니다. 그리고 이런 관점과 모습이 '정상'이 되고 '상식'이 되었습니다. 이것이 근대화된 인간과 사회의 특징, 성격입니다. 왜 이렇게 되는 것일까요?

다음 표를 앞의 그림에 적용시켜보면 그렇게 바뀌는 것이 쉽다는 사실을 알 수 있을 것입니다. 이것은 관점의 차이입니다. 내부로부터 보면 크게 보이는 것이 외부에서 보면 작게 보입니다.

이런 식으로, 동일한 것이 두 가지 다른 방향에서 보이게 되었다는 사실이 우리가 '근대화'되었다는 증거입니다. 과거에는 하나였던 것을 둘로 나누고, 게다가 새롭게 들어온 (근대적인) 외부

대	소
마을	국가·지구
내부로부터의 관점	외부로부터의 관점
농사(農)	농업
자급	자급율
생업(생활)	경영
일(손을 보탬)	노동(기술)
전통	근대화
돈이 되지 않는 세계	돈이 되는 세계
실제 세계	과학으로 이해한 세계
애향심(patriotism)	애국심·국가주의(nationalism)

표2. 세계관의 전환(대/소 구분은 내부에서 보았을 때 기준)

로부터의 관점을 더 크고 넓고 보편적이며, 가치 있는 것으로 만든 것이 근대화였습니다.

공동체의 재검토

'마을'이라고 하면 될 것을 저도 '공동체'라고 말하게 됩니다. 과거의 좌파들처럼 마을은 "봉건제의 유산"이라고 여기는 습관이 아직 남아 있는 탓입니다. 최근에 제가 흥미롭다고 느끼는 것은 공동체주의자(communitarian)입니다. 공산주의자(communist)와는 대칭적입니다. 공동체주의자는 인간 이성을 가장 중요시하는 자유주의자(liberalist)나 인간 욕망을 전면적으로 긍정하는 자유지상주의자(libertarian)를 비판합니다. 간단히 소개하겠습니다.

"원래 좋고 나쁨의 판단은 자기 혼자의 이성적인 판단이 아니라 공동체 속에서 습득한 가치관을 기초로 해서 이루어진다. 자신이 행한 것과 말한 것이 공동체에서 좋다고 승인을 받아야 비로소 '좋은 일'로 의식되는 것이기 때문에, 자신의 판단의 토대에는 공동체에서 살아온 경험이 있다"는 사상입니다.

다만, 공동체주의자는 '공동체'를 인간만의 공동체로 이해합니다. 여기에 큰 문제가 있습니다. '천지유정의 공동체'로 이해한다면 몇 걸음 앞서 나가는 것이라고 저는 생각합니다. 인간만이 아니라 천지자연도 포함시키는 것입니다. 그렇게 되면 농본주의와도 서로 잘 맞고, 반근대·반자본주의 사상으로서 연계할 수 있을 것입니다.

공동체주의는 미국에서 발생한 것이기에 인간사회의 전통밖에 생각하지 않지만, 천지자연과 인간의 관계에 역점을 두고 공동체를 새롭게 이해한다면 농본주의와 가까워질 것입니다.

새로운 애향심과 새로운 애국심

애국심(내셔널리즘)을 아직도 경계하는 것은, 우리가 이만큼이나 국민화되었는데도 여전히 국가나 국가, 국익이 강조되기 때문입니다. 게다가 미군기지를 떠안은 오키나와의 현재 상황이나 국경의 섬들뿐 아니라 산속 깊은 곳 마을들까지 황폐해진 일본의 현실을 보면, 애국심이 공동화(空洞化)된 실태를 깨닫게 되고, 애국은 애향과 연결되지 않는다는 사실을 새삼 깨닫게 되어서 한숨이 나옵니다.

이 애향심도, 농민이 줄어든 현대 일본에서는 그저 단순한 지방 중시의 사고방식으로 축소되고 있습니다. 또 도시 사람들로부터는 "저는 이제 돌아갈 고향이 없습니다. 따라서 시골(마을)에 대한 감각이 약해서 애향심도 약합니다. 농가처럼 애향심이 애국심보다 강하다는 감각이 없습니다"라는 말을 듣는 경우가 많습니다. 고향과 농촌, 마을은 물리적이 아니라 심리적으로 소멸해 왔습니다. 그렇다고 해서 그만큼 국가의식이 강해진 것도 아닐 것입니다.

따라서 애국심보다 애향심이 중요하다는 말이 설득력을 갖기 위해서는, 많은 사람들이 '애향심의 대상이 되는 고향'을 가질 필요가 있습니다. 농민들에게는 자명한 것도, 이 정도로 농민 숫자가 줄어들면 사회가 공유하는 것이 힘들어집니다. 이 문제를 해결할 길을 찾아봅시다.

새로운 고향

쌀이나 채소, 생선을 먹을 때, '이건 어디서 수확한 걸까?' 하
고 생각하는 관습은 사라지지 않았습니다. 공업제품에 대해서는
그 산지에 대한 관심이 진즉에 없어졌지만, 농산물이나 해산물에
대해서는 쌀이나 생선의 고향(산지)에 대해서 사람들이 신경을
쓰는 것은 왜일까요? 산지를 따져서 안전성을 확인하기 위해서라
는 의견도 있겠지만, 더 깊은 이유가 있습니다.

사람에게도 '어디 출신이십니까?' 하고 묻곤 합니다. 그 사람
의 배경에 있는 고향 풍토를 알고 싶기 때문입니다. 동향이라면
친근감이 생깁니다. 우리는 사람에게 그가 태어난 땅의 풍토가
물들어 있다고 느낍니다. 이것은 인간이 생명체이기 때문일 것입
니다. 생명체는 천지자연의 힘으로 살아왔기 때문에 당연히 천지
자연의 모습이 어딘가 각인됩니다.

마찬가지로, 농민이 아닌 사람들도 먹을거리의 산지를 알고 싶
어 하는 것은, 그 생명체가 자란 천지자연을 느끼고자 하는 것입
니다. 왜냐하면 먹을거리(농산물, 해산물)는 천지자연의 은혜이기
때문입니다.

농사를 짓든 그렇지 않든, 우리는 매일 식사를 할 때마다 먹을
거리(생명)의 고향과 이어집니다. '잘 먹겠습니다'라고 말하면서,
먹을거리의 고향의 천지자연의 은혜를 자신의 몸속으로 흡수하
는 것입니다. 의식하건 하지 않건 관계없이, 먹으면서 그 고향의

물과 공기, 빛, 대지를 받아들이는 것입니다. 이런 감각은 분명히 약해지긴 했지만 다시 회복하는 것도 가능합니다.

논의 생명체 조사는 쌀의 고향인 천지유정의 공동체를 접하는 매우 좋은 방법입니다. 늘 먹는 쌀의 생산지로 조합원들의 여행을 기획하는 생협도 있습니다. 가서 농민들의 이야기를 듣고, 생명체 조사를 하는 것입니다. 그런 여행을 다녀온 아버지와 아들의 대화입니다.

　"논에 처음 들어가보니 어땠어?"
　"정말로 올챙이들이 잔뜩 있었어요. 송사리도, 물방개도 헤엄치고요. 제비나 참새도 날아다녔어요."
　"우리는 그 마을에서 난 쌀을 매년 사서 먹었는데, 가본 것은 처음이지."
　"이것도 그 논에서 난 쌀로 한 밥이죠."
　"그렇지. 여름에 또 오라고 그러더라."
　"다음에는 여름방학에 가봐요."
　"그럴까."

이것은 새로운 고향이 생긴 순간이라고 해도 좋을 것입니다.

'국민개농(國民皆農)'이라는 말이 있습니다.《대보살 고개(大菩薩峠)》의 저자 나카자토 카이잔(中里介山, 그는 농본주의자였습니다)의 소설 《농민 야노스케의 이야기》(隣人之友社, 1938)에 나오는 말입니다. 야노스케가 잡지에 실린 기사를 읽고 공감하여 그 저자에게 편지를 보낸다는 설정입니다. 그 기사를 요약해보겠습니다.

나는 '국민총경작'이라고 말한 적이 있다. 우리는 모두 농사를 지어야 한다. 인생의 한두 해를 농업에 종사해서 그해 국민들의 식량을 수확하는 것이다. 이 방법을 되풀이하면 일본인은 모두 스스로 경작한 곳의 쌀을 평생 먹을 권리와 여유를 가질 수 있다.

우리는 쌀과 보리를 먹으며 일본 땅 위에서 생활하고 있다. 주식을 각자의 힘을 모아 수확하는 것은 무엇보다 유쾌한 일이다. 농사는 만사의 기본이며, 우리는 땅과 떨어져서는 생활할 수 없다. 땅과 친해지는 것은 청년 수양의 하나이기도 하고, 대자연의 은혜와 그 무서움을 아는 일이기도 하다.

현대에는 전 국민이 농사를 짓는 방식이 여러 가지가 있습니다. 농사 체험도 좋고, 도시농업 텃밭을 빌려서 농사를 짓는 것도 훌륭한 농사라고 생각합니다. 산지와 직거래하는 것도 도시인이 천지유정의 공동체의 일원이 되는 운동으로서 새로이 규정해도 좋을 것입니다. 이런 것이야말로 '즐거움'일 것입니다. 요컨대 느슨하긴 하지만 '새로운 고향'을, 혼자서가 아니라 여럿이 스스로 만드는 것입니다. 그것이 또 하나의 마을이 될 것입니다.

제4장

농사의 정신성
— 생명의 본질을 응시하다

1. 중요한 것을 잊고 있는 농업관

천지관은 어디로 갔나

'농사는 무엇인가'를 깊이 생각해가다 보면, 나 자신은 천지자연을 어떻게 마주하고 있는가, 거기에서 살아가는 생명들의 생사를 어떻게 느끼는가, 같은 생각들에 빠져들게 됩니다. 스스로 답을 찾지 않으면 안됩니다. 그리고 이렇게 좁혀나가서 얻게 되는 답을 우선 '농사의 정신성'이라고 부르기로 하겠습니다. 이것은 지금까지 거의 대부분의 '농업론'이 감당하지 못하고 피해온 주제입니다.

농업을 합리적(실리적)으로 이해하려고 하는 것이 현대사회의 습관입니다. 당연히 농학도 농업생산을 수확량이나 비용, 노동시간 등의 요소로 분해해서 분석합니다. 농사의 모체가 되는 천지자연도 광합성과 수분, 양분 등으로 분리해서 해석합니다. 그러나 이렇게 되면 천지자연의 본질(실체)은 보이지 않게 됩니다.

전후의 농본주의자 마츠다 기이치의 말을 들어봅시다.

농업의 상대는 농작물이다. 농작물은 천지의 영력(靈力)으로 자라는 것이다. 따라서 '농작물도 역시 천지'인 것이다. 그리고 그 천지의 영력으로 자라는 농작물을 사람이 도와서 기르는 것이기 때문에, 천지와 사람이 농작물을 통해서 완전하게 손을 맞잡고 있는 것이다. 이것이 농업이다. 그렇기 때문에 '농작물의 마음을 아는 자는 천지의 마음을 아는 자'이고, 천지의 마음을 아는 입장에서 보면 도시의 화려한 생활도, 입신출세도 부럽지 않게 된다.

그러면 농작물의 마음은 어떻게 알 수 있는가. '신(神)의 기술'
이 있는 자라면 모두 농작물의 마음을 안다. 작물 앞에 서면 작물
의 호소가 들린다. 소리 없는 목소리가 들리는 것이다. 농작물과
이야기를 할 수 있는 것이다. 이것이 '신의 기술'이다. 이런 연유
로 농민이라는 직업은 '농사기술을 통해서 천지의 목소리를 들을
수 있'으며, 그런데 '천지의 마음인즉 농혼(農魂)'이므로 결국 '농사
기술이 없으면 농혼도 없'게 된다.《농혼과 농법─농혼 편》)

현대의 농민들은 수확량이 많은 것은 좋은 농업기술을 사용했
기 때문이라고 흔히 생각할 것입니다. 그러나 마츠다는 작물을
많이 얻는 것은 농사기술이 입신의 영역에 도달했기 때문이라고
말합니다.

마츠다가 말하는 '농사기술'은 농업기술과는 전혀 다른 것입
니다. 작물을 돌보는 데 몰입하지 않으면, 즉 '농사기술'을 통하
지 않으면 작물의 목소리가 들리지 않는다고 하니, 이미 합리성
을 넘어서 인간의 정신세계에까지 미치는 것입니다. 이것은 과학
기술에 대한 통렬한 비판이기도 합니다. 마츠다는 이어서 이렇게
말합니다.

천지의 은혜로 벼나 보리가 자란다는 사고방식은 종교이다. 과
학적으로 말하면 태양도, 공기도, 토양도, 물도 물질에 지나지 않
는다. 그러나 그 어떤 과학도 사람은 물론이고 아직 벌레 한 마리

만들어내지 못한다. 즉 '생명'에 이르러서는 과학으로 벌레 한 마리조차 어찌할 수 없는 것이다. 여기에 인간의 힘이 미치지 못하는 영체(靈體)가 있다. 실제로 신(神)이라고 하지 않으면 설명되지 않는 형태가 없는 존재가 있다. 이것이 천지 가운데 충만해 있기 때문에 우리는 이를 천지천지라고 부른다. 우리가 살아가는 것은 모조리 천지의 은덕이다.

생각해보면 천지의 은덕은 상상할 수도 없을 만큼 위대한데, 이것이 완전히 공짜이다.(《농혼과 농법―농혼 편》)

이러한 세계의 표현을 '비과학적'이라고 치부하는 것이 일본의 근대 학문이었습니다. 그러나 아무리 근대화되어도 근대화할 수 없는 것, 아무리 과학이 발달해도 이해하지 못하는 것, 즉 '천지의 영력, 영성, 영체'라고밖에 할 수 없는 것이 현실에 존재합니다. 현대의 농민도 실감하는 부분이 있을 것입니다. 농본주의자는 이런 세계를 사라지게 해서는 안된다고 생각했습니다.

천지에 대한 몰입

예전부터 농본주의자가 농사일 가운데 가장 중요하게 여겼던 '자연에 대한 몰입'이란, 자기 자신을 잊을 정도로 농사일에 몰두하는 것입니다.

이것과 비슷한 경지를 찾자면 불교의 해탈, 깨달음의 경지가 아닐까요? 그것은 인간의 번민을 '부자연스러운' 상태로 보고, '자연스러운' 상태로 인간을 되돌리는 것을 의미합니다. 따라서 일본인이라면 '천지자연에 몰입하는' 것이 '자연(스러운 상태)으로 돌아가는 것이라고 상상합니다.

그런데 '땅으로 돌아가다', '대지로 돌아가다' 그리고 '자연으로 돌아가다'라고 할 때의 땅이나 대지, 자연은 각각의 명사가 지칭하는 구체적인 것 같지만 실은 그런 것이 아니라 형태가 없는 커다란 것, 사람의 힘으로는 다 이해할 수 없는 자연스러운 것을 말합니다.

그러나 서양식 발상에 더 친근해진 현대 일본인은, 이것을 문자 그대로 '자연환경에 대한 몰입', 즉 '자연과 일체화되어서 나를 잊은 상태'라고 말하기 쉽습니다. 물론 확실히 농사일에 몰두하고 있을 때는 나를 잊고, 시간을 잊고, 장소도 잊고, 다 잊어버리고 있다가 문득 정신을 차리면 '벌써 이런 시간이구나!' 싶을 때가 자주 있습니다. 그리고 자신으로 돌아간 여운 속에서 주위를 둘러보면 거기에 있는 것은 자연스러운 자연이므로, 이 상태를 '자연에 대한 몰입'이라고 부르지 못할 것도 없다고 생각하기도 합니다.

다치바나 고자부로는 망아의 경지에서 한 걸음 더 나아가서 대지, 작물과 하나가 되는 것, 즉 천지자연과 일체가 되는 것이야말로 "자신이 농민인 이유"라고 말했습니다.

농민은, 농민이 사과를 만들어서는 안된다. 농민은, 그 사과를 만드는 사과가 되지 않으면 안된다. 더욱이 농민은 그런 채로 대지가 되지 않으면 안된다. 대지에서 태어나서 대지에서 자라는 것이다. 따라서 농민이 대지가 되지 않으면 어떻게 (작물을) 잘 키울 수 있을까—그것이 나의 농민이다.(혈맹단 사건 공판 기록 중 이노우에 닛쇼의 증언, 中島岳志,《혈맹단 사건》, 文藝春秋, 2013)

농민에게 있어서 '자연과의 일체화'라는 것은, 작물이 되어서 작물의 마음을 알고, 작물의 목소리가 들리는 경지를 의미합니다. 아무리 힘들고 가난해도 농민들이 열심히 살아올 수 있었던 것은 이런 세계가 있었기 때문이라고 해도 좋을 것입니다.

그것을 "농사일의 기쁨", "천지유정의 세계" 등으로 표현하고, 노동이나 노동시간, 효율 등의 사고방식을 침투시킨 자본주의에 대항했던 것이 과거의 농본주의자들이었습니다. 미래의 새로운 농본주의자들도 마찬가지입니다.

종교에 가까운 경지

농본주의에는 분명히 종교적인 분위기가 있습니다. 그것은 무엇보다도, 농민이 천지자연에 몰입해서 그 천지자연과 일체가 되는 경지를 표현하려고 하다 보면, 합리적인 설명이 되지 않기 때문입니다. 불교에서 '깨달음'을 말로 표현하려고 애쓰는 것과 일맥상통합니다.

현대인은 이러한, 천지에 대한 몰입이라고 하는 말하자면 전근대적인 천지관(天地觀)에 대해서 '종교적인 울림'을 느끼게 됩니다. 농본주의자에게서 종교적인 향기가 나는 것은, 곡해하는 것이 아니라, 근대를 극복해가기 위한 삶의 방식이 그런 향기를 풍기는 것일지도 모릅니다.

마츠다 기이치의 말을 다시 한번 곱씹어보겠습니다.

신앙은 논리가 아니기 때문에 골치가 아프다. 그러나 농작물이
나 동물, 싹이 나거나 태어나고 자라는 것이 모두 천지의 영력에
의한 것이라는 사실만은 누가 생각해도 알 것이다. 공장에서 일하
거나 도시에서 가게를 차리는 직업이 아니고 일의 상대가 천지의
힘으로 영위되는 직업이기 때문에, 농민에게서 신앙심이 생겨나지
않는다면 달리 이것을 보살필 길이 없을 것이다.(《농혼과 농법―농
혼 편》)

천지자연의 힘을 과학적으로 분석하지 않고, 사람의 능력으로
는 이해할 수 없는 '영력'이라고 느끼는 것도 중요하지 않을까
요? 그런 마음이 되었을 때에 천지자연에 대한 신앙심 비슷한 것
이 생겨납니다.

이것이 모든 농민이 '천지교'의 신자가 되어도 좋을 이유입니
다. 현대사회는 자연에 대한 갈망으로 가득합니다. 그것이 농사
에 대한 동경이나 기대로 변해갈 수 있도록 농본주의자는 노력합
니다. '농사는 천지에 뜬 커다란 배'이기 때문입니다.

그런 것은 새로운 종교가 아니냐고 한다면, 농본주의자는 그냥
미소를 지을 뿐입니다. 현대의 사상으로는 충족되지 못하는 사람
의 마음 깊은 곳에 있는 그것을 표현할 수 있다면, 그것은 한 사
람, 한 사람의 종교라고 할 것입니다.

2. 생명체들의 삶과 죽음을 어떻게 느끼는가

농사만큼 생명체를 죽이는 일은 없다

제가 '농사만큼 생물을 (많이) 죽이는 일은 없다'고 말하면, 대부분의 사람들은 의아한 얼굴을 하고 반문합니다. "농업은 생명을 기르는 일이잖아요?" 농민들 자신도 '죽인다'는 감각이 없지는 않지만, '생명체를 죽이기 때문에 농업을 그만두었다'는 이야기는 들은 적이 없습니다. 왜 농민들에게는 살생에 대한 감각이 희박한 것일까요?

농민들에게 있어서, 천지 속에 있는 생명들의 생사는 천지의 뜻에 따른 자연스러운 현상입니다. 설령 흙을 뒤엎거나 풀을 꺾거나 해도 그것이 풀을 죽이는 행위라고 느끼지 않습니다. 그것 또한 '자연스러운' 일인 것입니다. 이것은 천지 아래에서 인간이 자연스럽게 활동하던 시대로부터 계속되어온 농민 특유의 감각입니다.

그런데 현대 일본의 농민들은 '농민만큼 생물을 죽이는 직업은 없다'라고 느끼는 일이 많아졌습니다. 농약이라는 과학기술을 사용하게 된 영향도 적지 않지만, 그보다 '자연(nature)'이라는 개념을 습득했기 때문입니다.

외부로부터 '자연'을 보면 논밭을 가는 것만으로 많은 생물(풀이나 벌레, 지렁이, 개구리 등)을 죽인다는 자각을 할 수 있습니다. 나아가 거기서 살아남은 생명체들도 새가 사냥하기 쉽게 됩니다. 백로가 트랙터 뒤에 붙어 다니면서 먹이를 쪼아 먹는 풍경은 흔히 볼 수 있습니다.

생물의 죽음이란

2,400년 전에 석가는 농민이 간 밭에서 나온 벌레를 새가 쪼아 먹는 것을 보고, 생명이 안고 있는 삶과 죽음의 번뇌를 깨닫고 그 구제의 길을 찾아 나서서 마침내 불교를 열었다고 합니다. 물론 이것은 이야기로 만들어진 것일 테지만, 석가는 농민이 아니었기 때문에 고민을 했던 것인지도 모릅니다.

왜 석가는 고민하고, 농민들은 그 당시에도 지금도 고민하지 않는 것일까요? 저는 우리 농민들은 그것을 '당연하다'고 생각하고, '어쩔 수 없다'고 느끼기 때문이라고 생각합니다. 다행스럽게도, 논밭을 경작하기 때문에 멸종되는 생명체는 없습니다. 그 증거로 매년(2,000년 이상이라고 해도 좋을 것입니다) 생물들은 그곳에 당연하게 출현합니다. 천지가 농민들이 괴로워하지 않게 해주는 것이라고 할 수밖에 없습니다. 따라서 생명체들이 '당연하게' 존재하는 것이, 살생을 '어쩔 수 없이' 용인하고 특별히 자각하지 않게 되는 원인일지도 모릅니다.

농사일 중에서 김매기만큼 생명체들과 농밀하게 관계하는 일은 없습니다. 농민들이 가장 몰두하기 쉬운 일이기도 합니다. 그 이유는, 직접 손으로 자신의 육체를 동원해서, 풀이라고 하는 상대를 만지고, 게다가 그 상대의 '목숨을 빼앗는' 일이기 때문입니다. 그런데도 '목숨을 빼앗는다'는 의식이 없는 것은 무슨 까닭일까요?

저는 그 이유는 '삶(生)'이 넘쳐나기 때문이라고 생각합니다. 여기서는 죽음은 삶과 연결되어 있습니다. 김매기는 풀을 완전히 없애버리는 일이 아니라 다시 내년에도 풀과 재회해서 김매기를 할 것을 약속하는 일입니다.

외부로부터의 관점에서는 이것을 '풀의 재생'이라고 하는데, '재생'이라는 말은 애초에 죽은 것이 다시 살아난다는 뜻입니다. 그 풀이 죽어도 남은 씨앗이 다시 싹이 나는 것을 재생이라고 합니다. '풀은 뽑아도 뽑아도 다시 자라난다'고 하는 농민들의 감각과 잘 맞아떨어집니다.

저희 이웃 할머니는 여름이 되면 늘 이렇게 말씀하십니다. "올해도 풀이 잘 자라는 계절이 되었네요." 즉 올해도 김매기를 할 계절이 돌아왔다는 사실에 기쁨을 느끼는 것입니다. '김매기는 뽑아도 뽑아도 풀이 다시 자라는 일한 보람이 없는 작업'이라는 식의 근대적인 발상과는 정반대이지요. 후자와 같은 발상이 제초제 개발로 이어져서 풀을 '근절'하는 것을 추구하는 정신을 탄생시켰습니다. 근대화 기술의 개발자는 풀의 죽음에 대해서 극히 둔감합니다.

근대적인 제초제의 개발은 두 가지 의미에서 큰 죄를 저지른 것입니다. 하나는, 풀의 재생을 방해한 것입니다. 그리고 또 다른 하나는, 지금까지 사람은 풀의 죽음으로 괴로워하지 않아도 괜찮았는데, 이제 괴로워하지 않으면 안되는 세계로의 문을 열어버린 것입니다. 그렇다고 해서 풀의 죽음에 대해서 진지하게 바라보는 것도 아닙니다.

불필요한 살생을 하고 싶지 않은 감성

현대에는 '목숨·생명'이 지나치게 중요시되고 있어서 도리어 이상한 기분이 듭니다. 이렇게 말하면 "누구에게나 목숨이 가장 중요하잖아요?"라고 반론할 것입니다. 그러나 "그것은 사람의 목숨이죠?"라고 제가 확인하면, "당연하죠!"라는 대답이 돌아옵니다.

구제역으로 29만 마리 이상의 소와 돼지가 '살처분'되고, 조류독감으로 200만 마리 이상의 닭이 '살처분'되었지만, 이들의 목숨은 그런 대상에 포함되지 않습니다. 그 모두가 '사람을 위해'서(애국심을 위해서라는 것도 잊지 말고 덧붙여야겠습니다) 삶과 목숨을 앗은 것입니다.

몇 년 전에 논에 물이 끊어진 적이 있습니다. 물이 흘러 들어가도록 조치해 놓고 외출을 했는데, 상류로부터 떠내려온 비닐봉지가 물구멍을 막아서 논에 물이 들어가지 않게 되었던 것입니다. 그 결과 한 구획(4아르)이 말라버렸고, 엄청난 숫자의 올챙이 사체들이 널려 있었습니다(외부로부터의 관점으로 말하면, 8만 마리를 살상한 것이 됩니다).

이것은 천재(자연현상)가 아니라 제가 집을 비운 탓이므로 자책하는 마음이 컸습니다. 저는 올챙이들에게 정말 미안하다고 사과하고, 그것들을 애도했습니다. 물론 천재로 인한 일이라도 농민들은 가엾다는 마음을 갖습니다. 늘 옆에 있는 생물들의 죽음에 둔감할 수는 없습니다.

따라서 '불필요한 살생을 말라'라는 가르침은, 동물에 관한 한 농민들이 납득할 수 있는 것입니다. 그러나 풀의 경우에는 그렇지 않습니다. 농민들은 김매기를 해도 풀을 죽인다는 감각이 없습니다. 일본의 농민들이 풀을 '죽인다'는 관점을 갖게 된 것은 '불살생계'라고 하는, 생명을 죽여서는 안된다는 불교 계율의 영향이 아닐까요?

살생하지 말라는 계율은 풀에도 적용되는가

고대 인도 팔리어로 된 초기 불교 경전에서는 초목을 확실하게 생물(유정)로 규정하고 있습니다. 그리고 이어서 출현한 부파불교에서도 식물을 하나의 감각기관을 가진 생물(중생)로 보았고, 따라서 불살생계는 식물에도 해당되었습니다.

그런데 4세기에서 5세기에 걸쳐서 성립한 대승불교에서 육식이 전면적으로 금지됩니다(그 전까지는 탁발로 얻은 고기는 먹어도 좋다고 되어 있었습니다). 그래서 이 '육식 금지'를 실행하기 위해서 식물은 먹기 쉽게 하기 위해서 식물을 '비정화(非情化)'한 것이라고 합니다. 동물과 달리 식물은 의식이 없으므로 먹어도 무자비한 것이 아니라는 논리가 대승불교에서 등장했다는 것입니다(岡田眞美子,《인간과 동물의 일본사 4 - 신앙 속의 동물들》, 吉川弘文館, 2009).

일본에 전해진 불교는 식물은 유정(생물)이 아니라는 입장의 대승불교였습니다. 그러나 일본인은 고대로부터 초목도 생물(유정)이라고 느껴왔기 때문에 틀림없이 혼란스러웠을 것입니다(《일본서기》 제2권 신대(神代) 하편에는, 이 지상에서는 "초목도 모두 말을 한다"고 되어 있을 정도입니다).

그래서 헤이안시대(794~1185)가 되면 일본에서는 '산천초목이라 하더라도 모두 성불할 수 있다'는 천태본각사상이 태어납니다. 초목과 같은 비정(非情)에도 불성이 있고 따라서 성불할 수 있다는 가르침입니다. 초목이 유정(생명)으로 돌아온 것입니다.

어쨌든 식물을 '죽인다'는 것을 처음으로 의식하게 된 것은 불교의 영향이 아닐까 합니다. 다만, 풀도 유정이라고 한 것은, 초목에도 영성이 있다는 그 전부터의 일본인의 감각이 토대가 된 것으로 생각합니다. 어쨌든 일본인 대다수는 농민이었기 때문입니다. 김매기를 해서 풀을 '죽인다'는 감각보다는 풀에서 '삶(生)'과 '혼(영성)'을 느꼈기 때문입니다.

목숨의 변질

'초목도 살아 있다'는 말에 반대하는 사람은 없을 것입니다. 그러나 '풀에도 목숨이 있다'고 말하면 위화감을 느끼는 사람들이 있습니다. 한 발 더 나아가 '초목에 혼이 깃들어 있다(영성이 있다)'고 하면, 많은 사람들이 눈살을 찌푸리고 "그건 종교적인 관점이네요"라고 반응합니다.

여기서 ①삶(生), ②생명·목숨, ③혼·영성의 세 개 층위가 있다는 것을 알 수 있습니다. 원래는 하나였던 것이 현대사회에서 세 개 층으로 나뉘어졌다고 해도 좋을 것입니다. 풀이 싹을 내고, 잎을 기르고, 꽃을 피우고, 열매를 맺는 것은 '삶(生)' 그 자체입니다. 그러나 그 삶의 근원에는 그러한 삶을 낳고, 지탱하고, 끝내고 그리고 재생시키는 무엇인가가 있다고 느끼고 그렇게 생각할 때 그것을 '목숨'이라고 이름 붙입니다. 그리고 그 목숨은 살아 있을 때도 삶을 잃은 뒤에도 계속 존재하는, 보다 더 확고한 그러나 모습은 분명하지 않은 힘에 의해서 통제됩니다. 그 존재를 '혼(영성)'이라고 불렀습니다.

다만 근래에 우려스러운 것은, '생명'을 과학적으로 설명 가능한 것으로 보고 '목숨'으로부터 분리시킨다는 점입니다. 과학이 마치 '목숨'으로부터 정신성을 뺀 것이 '생명'이라는 듯이 설명하는 것은 위험한 일이 아닐까요?

과거의 일본인들에게 있어서 '삶'은 있어도 '목숨', '혼'은 없는 생명체는 생명체가 아니었습니다. 이 경우 풀의 '삶, 목숨, 혼'은 사람의 '삶, 목숨, 혼'과 다른 것이 아니었습니다. 왜냐하면 같은 생명체들, 즉 다 같이 이 세상을 살아가는 존재들이기 때문입니다.

3. 과학적·합리적 관점으로는 이해할 수 없는 세계

한숨 돌리는 시간의 의미

지금까지는 농사일을 하다가 한숨 돌리는 시간은 휴식 시간이고, 피로를 푸는 시간이라고 이해해왔습니다. 그러나 임금노동에 있어서는 휴식 시간이라는 것이 노동을 계속하기 위해서 잠시 쉬거나 준비하는 시간일지 모르겠지만, 농사일의 경우에는 전혀 다른 의미를 가집니다.

그것은 일을 한창 하는 중에는 보이지 않는 것을 보는 시간입니다. 농사일은 그 상대인 작물이나 논밭과의 관계에 열중하거나 혹은 천지자연에 몰입하는 것이기 때문에, 그로부터 눈을 돌리게 되면 바로 풍경이 보입니다. 그러나 풍경을 바라본다기보다, 풍경이 눈에 확 들어오는 것입니다. 그때까지 그런 풍경에 둘러싸여서(그 품속에서) 일하고 있었기 때문에 그렇게 느끼는 것입니다.

그때의 풍경은 늘 보아서 익숙한 풍경이기 때문에 좋은 것입니다. 그 풍경에 변화가 있으면 마음이 번잡스러워져서 쉴 수가 없습니다. 물론 사계절에 따른 변화는 매년 오는 것이지만, 그런 변화와는 다른 것을 말합니다.

그러나 그런 경우에도 두 가지를 알아채게 됩니다. 예를 들어 논두렁에 앉아서 담배라도 한 모금 피우면서 논 전체의 벼 잎의 빛깔을 보면서 '올해도 잘 자라고 있구나'라고 느끼고, 올챙이들의 다리가 나기 시작하는 것을 보고 '이제 슬슬 물을 빼도 괜찮겠구나'라고 생각합니다. 이것은 일이 얼마나 잘되었는지를 판단하거나 다음 예정을 생각하는 것이기 때문에, 일과 관계없는 것이 아니고 그 연장이라고 할 수 있을 것입니다.

그런데 해질 무렵이 되어서 벼 잎 끄트머리에 일제히 차오르는 이슬의 반짝임을 보고 '예쁘다'고 감탄하거나, 올챙이 무리를 보고 '올해도 많이들 태어났구나' 하며 안도하는 것은, 일과 직접적인 관계는 없습니다. 그럼 그저 휴식 시간에 무심하게 보게 되는 풍경에 지나지 않느냐 하면, 그것은 또 아닙니다.

농민들은 한숨을 돌릴 때 각별하게 생명체들의 모습을 눈에 넣습니다. 달리 말하면, 살아 있는 것들로 가득한 풍경을 봅니다. 그러고 나서 꼭 자각을 하는 것은 아니지만, 그로부터 일과는 관계없는 천지유정의 메시지를 읽어냅니다. 벼 잎에 맺힌 이슬의 반짝임, 올챙이가 헤엄쳐서 생기는 파문으로부터 올해도 천지유정이 여전히 되풀이해서 존재하고 있다는 사실을 확인하는 것입니다.

오랜 세월 변함없이 생명체들이 거기에 있고, 삶을 되풀이하는 풍경이야말로 당연한 아무 특별할 것 없는 세계, 즉 천지유정의 공동체의 모습인 것입니다. 내가 이 세계의 품 안에 있다는 감각을 농민은 한숨 돌릴 때 느끼게 됩니다. 이것은 일을 하는 동안에는 좀처럼 의식할 수 없는 것입니다. 이때의 천지유정과의 일체감이 농민들에게 안도감을 주고 평온함을 주어서 몸도 마음도 쉬게 되는 것입니다.

니노미야 손토쿠의 휴식 시간

천지의 일원으로서 천지와 일체화되는 농민의 관점을 말로 표현할 필요는 별로 없었습니다. 그런데 여기에서 가치를 본 특이한 농민이 있었습니다. 에도시대 후기의 농정가, 사상가인 니노미야 손토쿠(二宮尊德)입니다. 그의 시를 소개하겠습니다.

소리도 없이 향도 없이
천지는 늘 쓰이지 않은 경전을 되풀이할 뿐

천지의 모든 모습은 마치 경전(經典)을 재연하는 듯하다고 니노미야는 말합니다. 천지유정의 메시지를 그는 석가의 설법=가르침=경전에 견주는 것입니다. 천지자연의 모습은 농민이 살아가는 모태입니다. 그 모습은 아이의 눈에 비치는 어머니 같은 것입니다. 또 작물이나 논밭, 동산의 풍경은 자신이 한 일의 결과이기 때문에, 그 모습에서 앞으로 해야 할 일을 보는 것은 농민이라면 당연한 것입니다.

그것은 냉정하고 객관적으로 '관찰'해서 아는 것이 아니라 직감으로 느끼는 것입니다. 풍경을 대상화해서, 즉 사람과 자연을 나누고 분석해서 결론을 내는 것이 아니라, 천지 아래에서 천지유정의 공동체의 일원으로서 책무를 다한다는 감각을 가지고 풍경이나 생명들의 모습을 보는 것입니다.

이것을 자각해서 실행하면 경전을 읽듯이 알 수 있다고 니노미야 손토쿠는 느꼈습니다. 이렇게 이야기하면 그 '경전'이란 것은 '자연의 법칙'을 말하는 것으로 이해하는 사람들이 많을지 모릅니다. 반드시 틀린 말이라고는 할 수 없지만, 근본적으로 차원이 다른 것이라고 말하지 않을 수 없습니다. '자연의 법칙'은 어디까지나 자연 밖으로부터의 냉정한 관점으로 파악하게 되는 것입니다.

그러나 니노미야는 그저 단순히 천지자연의 모습을 관찰하는 것이 아닙니다. 따라서 '자연의 법칙'이라고 하면 누구에게나 통용되는 합리적인 것이지만, '경전'은 자신만 받아들이는 가르침입니다. 얕게 받아들일 수도, 깊게 받아들일 수도 있고, 때로는 잘못 읽기도 합니다. 농민 각자의 경험에 의한 역량에 좌우되고, 마을 문화나 풍토, 자연환경에 따라서도 크게 달라질 것입니다.

하지만 '경전'이라고 한 이상, 니노미야는 그런 개인차나 지역의 차이 등을 넘어선 하나의 진리 같은 것이 근저에 있다고 생각한 것이 분명합니다. 바로 그것이 '천지자연'을 관통하는 것입니다. 그러나 그것은 객관적인 법칙이 아니라 자신을 이끌어가는 가르침 같은 것으로, 그 뿌리에는 천지자연에 대한 감사의 마음이 있습니다. 이러한 감각을 표현하기 위해서 니노미야는 석가의 가르침=경전에 비유한 것일 터입니다.

천지는 유정(생명체)으로 가득하고, 그 유정의 삶이 매년 변함없이 되풀이되는 것이기 때문에 감사하고 기쁜 것이라는 깨달음 같은 것이 있어야 천지로부터의 가르침을 받아들일 수 있는 것입니다.

이와 같은 '가르침', 즉 '경전'을 농민은 눈앞의 풍경으로부터 읽어냅니다. 아마도 그것은 어디에나 있는 당연해 보이는 풍경일 것입니다. 그렇기 때문에 농민은 특별히 말해야 할 것이 없는 것으로 생각합니다. 현실에서도 농민들은 이런 일상적인 풍경으로부터 받은 가르침을 표현하지 않았습니다. 그저 하나씩 하나씩 가슴속에 모아둡니다. 그러고는 잊어버리는 것이 대부분입니다. 그래서 이런 세계는 기록으로 남아 있지 않습니다. 그러나 시대가 변하고, 자연에 대한 과학의 분석이 정밀해짐에 따라 과학적인 표현이 풍부해질수록, 농민의 정신세계를 표현할 공간과 기회도 이제 없어져 버렸습니다.

한숨 돌리기에서 휴식 시간으로

이야기를 다시 돌리겠습니다. 농민들이 풍요로운 마을의 풍경을 가장 많이 보는 것은 일하다가 한숨을 돌릴 때라고 했습니다. 그런데 이 시간과 장소가 변질되었습니다. 농촌의 논밭 정비로 인해서 가장 크게 잃어버리게 된 것은 나무 그늘이 아닐까요? 논에 그늘이 지게 되는 것을 알면서 왜 선조들은 논 바로 옆의 나무들을 베지 않고 남겨두었을까요? 물론 뽕나무나 거먕옻나무 등은 생활에 필요하기 때문에 심고 남겼겠지만, 필요한 장소도 아닌 곳에 별 필요도 없는 나무들이 심어져 있습니다. 그것들은 농민들이 한숨 돌릴 때의 그늘을 제공해주고 있었던 것입니다.

여름 한낮에 자동차에 에어컨을 켜고 차 안에서 쉬는 농민들이 있습니다. 냉방 바람은 나무 그늘에 부는 바람보다 온도도 낮고 과학적으로 보자면 더 시원해서 쾌적하게 쉴 수 있을지 모릅니다. 그러나 차 안에서는 천지가 나를 감싸는 것을 느낄 일은 없을 것입니다. 천지유정의 풍경을 바라보며 자신도 그 일원이라고 느끼는 일도 없을 것입니다. 나무 그늘에 부는 바람이 살아 있는 것으로, 나의 친구로 느껴지는 일도 없을 것입니다.

저는 이런 변질이야말로 '근대화'의 귀결이라고 생각합니다. 이런 변질로 인한 슬픔은 보지 않고, 오히려 그러한 변화를 추진해온 것이 근대사회의 농정이고, 학문이며 과학이었다는 사실을 이제는 그만 깨달아도 좋을 것입니다.

농사라는 행위가 사람이 천지 아래에서 천지와 더불어 성취하는 활동이라는 전통적인 정의에 기초한다면, 농민이 한숨 돌리는 시간은 그것을 자각하게 되는 시간이고, 농사의 정신성을 표현할 수 있는 문을 여는 때라고 할 수 있습니다.

기술과 일의 다른 점

농민이 농사의 정신성에 눈을 뜨게 되는 하나의 계기는, 과학이나 과학기술의 대단함에 대해서 위화감을 느끼게 될 때입니다. 여기서 '농사일에는 있고 농업기술에는 없는 것은 무엇인가', 또는 '농업기술에는 있고 농사일에는 없는 것은 무엇인가'라는 질문을 해보겠습니다. 농업기술을 연구하고 보급하고 지도해온 '전문가'(농민 이외의 농업 관계자를 가리킵니다)들은 대부분 스스로 이런 질문을 하지 못합니다. 왜냐하면 농업기술은 농사일을 발전시킨 것 혹은 농사일로부터 추출하여 기술화한 것이라는 생각이 상식이 되어 있기 때문입니다.

예를 들어, 모내기는 이앙기에 의한 기계 이식으로 진보했다고 하면 많은 사람들이 수긍할 것입니다. 그러나 이앙기에 의한 모 이식 기술은 모내기라는 농사일을 참고하기는 했지만 전혀 다른 것일지도 모릅니다. 그러면 '모내기에는 있고 기계 이식에는 없는 것'이라는 질문을 해봅시다. 답은 무수하게 많을 테지만 대표적인 예를 들어보겠습니다.

①모내기 노래를 부르고, 또 노래를 들으면서 처녀들이 중심이 되어 모내기하는 관습

②자신의 발로 흙의 감촉이나 깊이를 느끼면서, 또는 자신의 손

으로 싹을 느끼면서 몸 전체로 바람과 물, 햇볕을 느끼며 모내기하는 체감

③어느새 어딘가로부터 와서 주위를 돌며 헤엄치는 개구리나 물방개, 소금쟁이, 산란 중인 고추잠자리, 수면을 스칠 듯 나는 제비를 바라보는 여유

④허리를 펴고 보면 논의 수면에 비친 마을 풍경이 나를 둘러싸고 있고, 그 속에서 일하고 있는 자신이 천지와 하나가 된 것 같은 기분

⑤더 심을 데가 없어 남은 볏모가 가엾다는 기분

그럼 이제 그 반대의 질문, '이앙기의 이식 기술에는 있고 모내기에는 없는 것'에 대한 답도 해둡시다.

①얼마나 효율적으로 심을까 하는 의식

②운전 기술, 기계의 정비 기술

③사고가 나지 않도록 주의하기

④남은 모가 아깝다고 하는 비용에 대한 의식

⑤벼는 '익는' 것이 아니라 농민이 '만든다'는 의식의 탄생

어떻습니까? 이 둘의 어디가 다른지 확실해졌다고 생각합니다.

일의 정신성

이러한 농사일의 정신성은 왜 생기는 것일까요? 논에서 생명

체 조사를 하면 대부분의 농민들이 "아직도 이렇게 많은 생명체들이 있었단 말인가!" 하고 놀랍니다. 농업기술로 농사일이 침식되어감에 따라서 잃어버린 생명들에 대한 시선이 생명체 조사라고 하는 새로운 농사일에 의해서 부활하게 되었기 때문입니다. 생명체 조사를 하고 나서 "장구애비를 30년 만에 봤다"고 말하는 농민도 있었습니다.

30년 전에는 생명들에 대한 시선이 농사일에 남아 있었고, 그후의 농업기술에서는 없어졌다고 생각할 수도 있습니다. 앞서의 예의 농민은 "나는 30년간 무엇을 봐온 것일까?" 하고, 저에게 진지한 얼굴로 말했습니다.

이런 농민들의 시선의 변화를 그저 단순한 시대의 변화로 치부해온 것이 지금까지의 '농업론'이었습니다. 농본주의자는 농민의 정신이 어떻게, 무엇에 의해서, 어디서부터 변했는지를 살펴보고서, 그것은 과학으로 인해서 일 자체가 변해버린 영향이라는 것을 알았습니다. 게다가 이러한 변화는 생명에 대한 시선에만 국한되는 것이 아닙니다.

외부로부터의 관점과 내부로부터의 관점을 비교하다

그럼 농사일을 우선 외부로부터 봅시다. 저는 풀을 베고 있었습니다. 그것을 한동안 보고 있던 어떤 학자가 이렇게 말했습니다. "농사일은 단순작업의 연속이네요." 그렇게 보이기도 하겠지요. 이런 관점이 농업전문가가 가지는 관점의 특징입니다.

다음으로 같은 일을 내부로부터 봅시다. 풀을 베는 저는, "야,

아직도 엉겅퀴가 피어 있구나", "벌써 쑥부쟁이가 피기 시작했구나" 하는 식으로, 풀들과 이야기하며 작업을 합니다. 이것이 내부로부터의 시선의 전형적인 모습입니다. 외부로부터 봐서는 저와 풀 사이의 대화, 주고받음을 알 수가 없습니다.

전자는 '노동시간'이나 '생산비용' 등의 개념을 발달시키고 우열의 판단까지 하게 됩니다. 현재는 이런 식의 관점이 압도적으로 우세합니다. 한편 내부로부터의 시선은 거의 표현이 되는 경우가 없습니다. 학문의 대상이 되는 경우도 물론 없고, 서로 표현하기를 경쟁하는 일도 없습니다. 그것은 사라져 가는 세계일지도 모릅니다.

이러한 현상도 농사일의 모든 부분에 적용할 수 있습니다. 외부로부터의 관점으로는 '같은 면적을, 같은 시간에, 같은 종류의 기계로 땅을 간다면 같은 일이다'라고 단정합니다. 현대의 농정이나 농학의 관점은 대부분 이런 것입니다. 그러나 즐겁게 땅을 가는 것과, 고민거리 때문에 신경을 쓰면서 일하는 것은 일의 내용이 다릅니다. 땅을 갈면서 눈에 들어오는 풍경에 따라서도, 생명들을 보고 그것을 아는가 어떤가에 따라서도 일의 충실함에 차이가 납니다. 그러나 이런 것들은 농정이나 농학의 대상이 아니고 개인적인 감정의 세계라고 치부됩니다.

그러나 농정이나 농학에서 버리고 돌아보지도 않는 이러한 세계가 무의미하고 가치 없는 것은 아닙니다. 이러한 정신성이야말로 농민들이 그들 인생의 대부분의 근거로 삼고 있는 것입니다. 왜 여기에 주목하고, 또 그것을 표현해야 하는가. 그 이유는,

①그것이 빈사 상태이기 때문입니다.

②그런데도 그것을 구하려고 하는 사람들이 소수이기 때문입니다.

③그것을 지키려고 하는 국가나 정치가 없기 때문입니다.

④그것에 가치를 부여하는 새로운 가치관이나 사상을 만들어 내고 싶기 때문입니다.

⑤이는 결코 농사의 세계에만 해당되는 것이 아니고, 천지와 연결된 모든 세계에 대해서도 마찬가지입니다.

제가 '내부로부터의 시선'과 '외부로부터의 시선' 사이를 왔다 갔다 하는 것은, 실은 새로운 들(野)의 학문인 '농민학'을 제안하는 것입니다.

벼의 목소리가 들리는가

농민학에서는 농학으로는 파악하지 못하는 세계가 보입니다. 생물들과의 대화를, 농민학의 방식으로 해석해봅시다. 저는 젊은 시절에 나이가 지긋한 농민 어른들로부터 "벼 목소리가 들리게 되라"는 말을 여러 번 들었는데요, 벼에 대한 애정은 이해하지만 '정말로 벼의 목소리가 들리는 것일까?' 하고 의아하게 여겼습니다. 대학의 농학부를 나오고 과학적인 교육을 받은 저에게는 그런 말들이 고리타분하고 전근대적인 것으로, 비과학적으로 생각되었습니다. 그렇지만 '정말로 들릴까?'라고 의심을 하는 정신을 가져서는 벼의 목소리가 들릴 리가 없습니다.

제가 서른아홉, 농사를 짓기 시작한 지 얼마 안되었을 때에 논 김매기가 끝나고 난 뒤에 "아, 내일부터는 김매기를 안해도 되는구나" 하고 중얼거렸더니, 한 나이 많은 농부가 "자네는 자기 자신에 대해서만 얘기하는구먼, 예전에는 김매기가 끝나면 벼가 기뻐하겠구나 하고 생각했단 말일세"라고 꾸짖으셨습니다.

지금은 저도 김매기가 끝난 논을 보면, 논 전체가 즐겁게 노래라도 부르는 것같이 느껴집니다. '내부로부터의 관점'이 우위가 되었기 때문입니다. 전근대의 천지관의 감성은 비과학적일지 모르지만, 농민들의 감각을 잘 표현하고 있습니다. 게다가 이와 같은 정감은, 같은 천지관 아래에서는 사람으로부터 사람으로 잘 전해집니다.

이런 일이 있고 나서 비로소 저는 농민의 정애(情愛)에 대해서 본격적으로 주목하기 시작했습니다. 그리고 마침 이즈음 이시무레 미치코(石牟禮道子) 선생의 이야기를 들을 기회가 있었습니다. 요약하자면 이렇습니다. 선생의 작은아버지가 돌아가신 후 작은어머니가 혼자서 감귤 밭을 돌보았는데, 몸이 부자유스러워져서 감귤 동산에 올라가지 못하게 되었습니다. 그래서 어느 날 마을 사람이 작은어머니 댁에 와서 "감귤 언덕 옆을 지나는데, 뭐 전할 말은 없소?" 하고 물었습니다. 작은어머니는 "풀들한테 안부나 전해주시게"라고 부탁했다는 이야기였습니다.

작은어머니는 어째서 감귤나무가 아니라 풀에게 인사를 전한 것일까 하고 저는 의문을 가졌습니다. 김매기를 기술이라고 한다면 '풀은 방제의 대상이 아닌가, 잡초나 해충에게 안부 인사를 할 리가 없지'라고 생각하게 됩니다. 이는 김매기라는 기술은 경제적 가치를 가져다주는 감귤이라는 과일을 생산하기 위한 목적으로 실행한다고 생각하기 때문입니다. 하지만 김매기에 몰두하고 있는 작은어머니는 기술을 실행하고 있는 것이 아닙니다. 작은아버지가 돌아가신 후 풀이 작은어머니의 상대가 되어준 것입니다. 이것이 농사일의 '정애의 세계'입니다. 근대화한 기술은 이런 세계를 추방하는 것입니다.

농사일은 이런 '다른 세계'로 사람을 끌어들입니다. 그러나 단순히 생명체에 대해 정애를 갖고 있다고 해서 이런 세계가 열리지는 않습니다. 농사일을 해야 열립니다. 게다가 그 농사일이 고통스럽거나 다른 사람이 지시한 것이거나, 시간에 쫓겨서 하는 것이어서는 안됩니다. 또 위험한 기계 조작을 수반하는 일이어서도 안됩니다. 뜻밖에도 외부의 눈으로 보면 '단순작업'으로 보이는 일이 좋습니다.

상대가 되는 생명체에 대해서 일을 하고 싶어지고 또 그것이 즐거운 것이어야 합니다. 이 경우 상대가 생명체(살아 있는 것)인 것이 중요합니다. 풀은 아름다운 꽃도 피우지 않고 끝도 없이 무성하게 자라기만 하지만, 풀을 상대로 김매기를 하다 보면 풀과 같은 세계에서 살고 있다는 감정이 자신의 몸과 이 '다른 세계'에 충만하게 됩니다. 그 결과 일이 즐거워집니다.

살아 있는 것은 동물이나 식물만이 아닙니다. 흙도 돌도 물도 바람도 하늘도 해님도, 모두 살아 있는 것으로 느끼는 것은 바로 이런 때입니다.

그리고 이때 사람과 살아 있는 것들 사이의 담장은 낮아집니다. 때로는 아예 없어지기도 합니다. 이런 때에 같은 생명으로서 상대와의 교감이 쉽게 이루어지게 됩니다. 그렇기 때문에 안부를 전하게 되는 것이고, '벼의 목소리'나 '풀의 목소리'가 들리는 것입니다.

생명의 목소리가 들리는 이유

이 경우 생명체들은 무엇으로 목소리를 내는 것일까요, 그리고 사람은 무엇으로 그것을 듣는 것일까요? 감성? 사람에게는 감성이 있지만 벌레들에게도 있을까요? 능력? 벌레와 사람의 능력은 다르겠지요.

벌레에게도 있고 사람에게도 있으면서 서로 교감할 수 있는 것은, 그 각각의 혼(영성)밖에 없습니다. 적어도 우리의 선조들, 근대화되기 전의 사람들은 그렇게 생각했습니다. "나무 한 그루, 풀 하나에도 혼이 깃든다"고 하는 것입니다.

김매기를 하면서 별수염풀에 눈길이 갑니다. 예쁘다고 느낍니다(이것은 감성입니다). 그리고 별수염풀이 많이 줄었으니 요것만은 남겨두자고 생각합니다(이것은 정애입니다). 또는 물옥잠이라면 미안하지만 좀 잘라내야겠다고 생각합니다(이것도 정애). 그러고는 이내 이런 풀들과 같은 세계(다른 세계)에 몰입해서, '영혼의 교감'이라고 할 경지에 들어갑니다.

그런데 여기서 중요한 것을 덧붙이지 않으면 안됩니다. 농민은 이런 다른 세계의 경지에 대해서, 정신을 차린 뒤에 편하고 좋았다고 느끼는 경우도 있지만, 금세 잊어버리고 쉬거나, 다음 차례의 일로 넘어가는 게 보통입니다. 표현하는 경우는 거의 없습니다. 밤에 자기 전에 일기를 쓰는 습관을 가진 농민도 "오늘은 김매기를 했다, 별수염풀은 남겼다"고는 쓸지 모르지만, 이 다른 세계의 경지에 대해서는 적지 않을 것입니다. 언어로 표현하기 어려운 세계이기도 하고, 자기 자신을 잊을 정도이니 기억에도 남아 있기 어렵습니다. 농본주의자는 바로 이것을 표현하려고 하는 것입니다.

4. 농민의 미의식

'곱다'고 느끼는 일

'미의식'이라는 것은 외부로부터의 관점일 뿐만 아니라 근대적인 개념입니다. 그런데 농학에서는 농민의 미의식을 분석한 것이 없습니다. '아름답다'는 것은 'beautiful'의 번역어로서, 원래 일본어의 '美しい'(아름답다)는 '매우 대단하다/훌륭하다'라는 의미였던 것 같습니다. 그래서 농민뿐만 아니라 일본인들은 격식을 차린 경우가 아니면 이 말을 잘 쓰지 않습니다. 보통은 'きれい'(곱다, 개끗하다)라는 말을 사용합니다. 농민들이 곱다고 느끼는 것은 두 가지가 있습니다. 하나는 일이 잘된 정도입니다. "곱게 (땅을) 갈아놓았다", "풀베기한 논두렁이 곱다"라는 식으로 말합니다.

여기에는 정성껏, 공들여 했다는 평가가 들어 있습니다. 그리고 그 내용을 보면, 천지자연과의 관계가 잘되고 있다, 조화를 이루고 있다는 식입니다. 반대로 "더럽다", "보기 흉하다"라는 것은, 일이 조잡하여 천지자연에 대해서 부끄러울 정도라는 말입니다. 즉 미의 기준이 천지자연에 있다는 것입니다. 농민들의 몸속에는 무의식적으로 천지자연이 빛나는 모습이 가장 곱고 아름다운 기준으로 있습니다. 그러나 이러한 것들은 지금껏 말이나 글로 표현되지 않았습니다.

그러나 농본주의자는 여기에 주목합니다. 이것은 훌륭히 자본주의의 기준에 대항할 것이기 때문입니다. 자본주의는 농사의 아름다움(美)을 적으로 돌렸습니다. 그 아름다움이 침묵을 지킨다고, 고운 마을과 고운 천지자연에 흙탕 칠을 하는 것을 장려했습니다. 논에는 제초제를 도입한 지 오래인데도 논두렁에는 여전히 제초제를 살포하지 않는 농민들이 많은 것은, 고운 논두렁과 고운 풍경을 천지자연의 '가르침'으로서 체득했기 때문입니다. 이것이 바로 농민의 미의식입니다.

꽃을 잘라내는 괴로움

서일본의 4월 하순부터 5월 초순의 논두렁은 꽃으로 가득합니다. 노란색 꽃이 가장 눈에 띄지만, 제가 좋아하는 것은 미나리아재비와 뱀딸기입니다. 파란 꽃으로는 엉겅퀴, 구주갈퀴덩굴, 하얀 꽃은 별꽃, 벼룩나물이 특히 곱다고 생각합니다. 이런 꽃들을 그 이름을 부르면서 베어나갈 때, 또 다른 '사랑스럽다'와 닮은 '곱다'라는 감정이 생겨납니다. '가엾다'고 느끼지 않는 것은 아니지만 그렇다고 해서 제거하지 않으면 논두렁의 풀이 변화(천이)해 버립니다.

저는 풀베기를 1년에 여섯 차례 하는데 우리 논의 논두렁에는 약 200종류가 넘는 풀들이 자랍니다. 근처에 휴간지로 5년째 풀베기를 하지 않은 논두렁을 조사한 일이 있습니다만, 풀의 종류가 약 50종으로 줄어 있었습니다. 이렇게 풀베기를 하면 오히려 풀들의 종류가 늘어나는 이유는, 키가 큰 강한 풀은 베여나가고 그때까지 그늘 속에 있었던 작고 약한 풀들에 볕이 들어 살아남게 되기 때문입니다.

예전에는 저도 논두렁에 있는 풀들의 이름을 잘 몰랐기 때문에, 빨리 베어버리자는 마음뿐이었습니다. 그러나 지금은 거의 대부분의 풀이름을 알기 때문에 이름을 마음속으로 부르면서 풀들과 이야기를 할 수 있습니다. 꽃을 자를 때는 미안하다고 마음속으로 중얼거리고, 내년에도 또 꽃을 피워달라는 마음을 전합니다. 농민도, 꽃도, 함께 천지유정의 공동체 속에서 삶(生)으로 넘치는 세계에 빠져 있는 것입니다.

꽃을 손으로 꺾는 습관도 이와 비슷한 맥락입니다. 꽃을 결코 죽이는 것이 아니라 함께 삶(生)의 한가운데에서 노는 것입니다.

꽃을 심는 생활

홋카이도를 제외한 일본 전국 각지의 논두렁에는 꽃무릇이 심겨 있습니다. 꽃무릇은 씨가 없기 때문에 덩이줄기(구근)를 나누어서 심는 수밖에 없습니다. 그러니까 모두 농민이 심은 것인데,

왜 그렇게 한 것일까요? 최근에는 논밭 정비로 줄어들기는 했지만 정비한 곳에도 꽃무릇 덩이줄기를 심는 농민들이 적지 않습니다. 이것은 쓸데없는 일일까요?

두더지에 대한 대책이라는 설도 있지만, (그렇게 해서) 두더지가 줄지는 않았습니다. 기근이 들었을 때 먹기 위한 것이라는 설도 있어서, 저도 덩이줄기를 갈아서 먹어보았는데, 아무 맛도 없는 전분이었습니다. 물론 먹을 수는 있지만 기근 때 먹었다는 기록도 별로 없습니다.

저는 '고와서' 심었다고 확신합니다. 꽃무릇은 벼와 거의 같은 시기에 중국으로부터 들어왔다고 합니다. 이국의 특이한 모양의 꽃이었던 것입니다. 원산지인 양쯔강 중류 지역에서는 꽃 색깔이 붉은색만이 아니라 여러 가지가 있다고 하는데, 일본에 심어진 것은 붉은 종뿐입니다. 당시에까지는 들에 붉은색 꽃이 없었기 때문이 아닐까요.

근대인은 합리적이고 실리적인 해석을 하려고 하는 경향이 있습니다. 농민의 일이니까, 생활의 실리로 이어지지 않는 것은 돌아보지도 않을 것이라는 편견도 강합니다.

그러나 옛날부터 농민들은 산과 들의 꽃을 따서 장식했습니다. 자기 집 마당에 심기도 했습니다. 들에 핀 꽃이라도 예쁜 것은 꺾어올 뿐 아니라 논두렁에 심기도 했습니다. 우리 집 논 입구에는 옛사람들이 심은 원추리가 심겨 있어서 모내기철이 되면 주황색의 예쁜 꽃이 핍니다. 저도 풀을 벨 때 이 꽃은 남겨서 지키고 있습니다.

《만요슈(萬葉集)》(8세기에 편찬된 일본의 가장 오래된 시가집 – 역주)에 나오는 논에 사는 풀들을 조사하는데, 물달개비에 대한 노래가 있었습니다. 게다가 농민이 별 이유도 없이 자신이 싫어하던 이 풀로 옷을 물들여서 아내에게 선물하는 노래라는 점이 놀라웠습니다.

아내 옷에 물달개비 꽃을 비벼서 파란 무늬를 만들어주었더니, 아내는 기뻐하며 그 옷을 계속 입었다. 그렇게 함께 농사를 지어온 아내가 사랑스럽기 그지없다.(인용자의 현대식 번역)

현대에는 잡초, 해초(害草)라고 사람들이 공연히 싫어하는 물달개비도 정애의 눈길로 보았던 시대가 있었던 것입니다. 그렇게 생각하면, 가을이 되면 일본 전역의 논에 꽃무릇 꽃이 피는 것은 조금도 이상한 일이 아닙니다. 거기에 농민들의 전통적인 정신이 나타나는 것입니다.

5. 농사가 종교에 미친 영향

천지가 신이 된 사정

"농민이라면 풍년을 기원하겠지요"라고 도시에 사는 사람이 말하는 경우도 있고, 또 "농업에 있어서 축제는 중요한 행사지요"라는 말도 듣습니다. 요컨대 이런 정신세계가 농사에 있어서 빠질 수 없다는 감각이, 농민이 아니더라도 일본인에게 남아 있습니다. 이것은 사람이 쌀이나 채소, 과일을 '만드는' 것이 아니라, 천지의 은혜로써 '받는' 것이라는 점을 막연하게나마 일본인들이 이해하고 있기 때문일 것입니다. 자신의 능력이 아닌 것 덕분에 결실을 얻는 것이므로 '감사'와 동시에, 이것이 계속되기를 바라는 '기도·기원'이 농민의 정신생활에서는 중요하지 않은가 하고, 농민이 아닌 사람들도 깨닫고 있다는 사실은 중요합니다.

그럼 이 '감사'와 '기원'의 정신을 바라봅시다. 앞서 질문한 사람에게, "누구에게 기원합니까?" 하고 질문하자, "그건 당연하잖아요, 신이지요"라고 단언했습니다. 분명히 농촌의 '축제'는 집단적인 '감사'와 '기원'의 표현 활동이고, 그 장소는 대부분 그 마을의 신사에서 이루어집니다. 말하자면 신 앞에서 신을 향해서 이루어지는 것이기 때문에 감사와 기원이 신을 향한 것처럼 보일 수 있습니다.

지금은 어떤 신사에서든 신관이 축문을 올릴 때 아마테라스오미카미 신(神)에 대한 기원의 말이 나옵니다(메이지시대 이후의 새로운 전통입니다). 아마테라스오미카미는 태양신이므로 농민들의 감사와 기원의 대상으로 딱 맞습니다. 이세신궁(伊勢神宮, 일본 천황의 조상신인 아마테라스오미카미가 모셔져 있다 — 편집자 주)이 농민들에게 인기가 있는 것은 당연합니다. 아마테라스오미카미가 천황가의 조상신이라는 것은 잘 짜인 이야기로 감탄할 만합니다.

감사와 기원의 다른 점

그런데 여기에서 생각해보고 싶은 것이 있습니다. 농민의 '감사'와 '기원'은 그러나 아마테라스오미카미 신앙이나 마을 신사들의 창건보다도 훨씬 더 전부터 존재했다는 점입니다. 게다가 이 '감사'와 '기원'은 정신으로서는 서로 다른 것이 아닐까요?

현대의 농민도 작물을 수확할 때에는 천지자연에 감사한 마음을 갖습니다. 이 감사는 천지신뿐만 아니라 물이나 흙, 바람, 생명체들 그리고 가족이나 마을 사람들을 향한 것입니다. 그리고 잊어서는 안되는 것은, 그것은 이 논밭을 일구어준 선조들을 향한 감사이기도 하다는 점입니다. 이들의 배후에 있는 신들은 마을 속에 잘 존재합니다. 다만 이것을 '천지의 은혜'라고 할지, '신의 덕분'이라고 할지는 크게 다른 것입니다. 천지는 눈에 보이지만 신은 보이지 않기 때문입니다.

천지가 아닌 신이라는 추상적인 존재를 창조하는 것은 물론 종교적인 행위(종교화)이지만, 신도(神道)에는 교리 같은 것이 없기 때문에 그 사정을 잘 알 수 없습니다. 그래서 저의 의견을 서술하도록 하겠습니다. 왜냐하면, 제게는 천지에 대한 농민들의 소박한 감사의 감정과 신에 대한 기원이라는 행위 사이에는 단절이 있는 것 같은 느낌이 들기 때문입니다.

천지(신)에 풍년을 '기원하는' 것은 정말로 옛날부터 이루어져 온 일일까요? 풍년을 '감사하는' 마음은 당연히 있었을 것입니다. 왜냐하면 논밭의 결실은 천지의 은혜로서, 천지의 힘으로 만들어지기 때문입니다. 풍년이라면 말할 것도 없지만, 설령 흉작이라고 해도 만들어진 것은 감사하게 받을 수밖에 없습니다. 여기에 재해마저도 받아들일 수밖에 없는 인간의 자각이 있습니다.

그러나 아직 작물을 심기도 전에 풍년을 '기원하는' 것은, 천지(신)의 영역에 간섭하는 것이 아닐까요? 마치 이런 식이 되지 않을까요?

"신이시여, 풍년이 되게 해주소서."
"그것은 내가 정할 일이다."
"그리 말씀 마시고, 풍년을 약속해주소서."
"어째서 인간의 뜻에 맞추어야 하는가?"
"그저 부디…"
"시끄러운 녀석이구나!"

기도의 부정

물론 농민이라면 풍년이기를 바라지만, 그것은 그저 생각하는 것일 뿐입니다. 풍년일지 어떨지는 사람의 힘이 미치지 않는 천지가 하는 일로, 사람이 간섭할 일이 아닙니다. 이런 점을 에도시대 전기에 이세신궁 외궁의 신관이었던 와타라이 노부요시(度會延佳)는 제대로 지적했습니다. 그의 이야기를 들은 사카 쥬부츠(坂十佛)가 쓴 이세신궁 참배 순례기로부터 인용합니다.

본궁(이세신궁)의 참배의 깊은 가르침, 염주도 들지 않고 공물도 바치지 않으면서 마음에 기도하는 바가 없는 것을 '내청정'이라고 이른다. 물로 씻어 몸에 더러움이 없는 것을 '외청정'이라고하니, 내외청정이 되면 신의 마음과 나의 마음 사이에 간극이 없어진다. 이미 신과 마찬가지이다. 그리되면 무엇을 바라는 마음이 있을 것인가. 이것이 진실된 참배가 될 것이니, 대신궁의 신관으로부터 말씀을 듣는데, 신앙의 눈물이 멈추지를 않는다.

즉 '기도·기원'이 없는 상태야말로 신과 마주할 때의 마음이어야 한다는 것입니다. 여기서 느낄 수 있는 것은 '고맙다'는 감사뿐입니다. 그런데도 신에 대한 '기원'이 시작된 것이 신과 인간 사이를 멀어지게 만들었습니다.

현대의 신사 참배는 무엇인가를 바라서, 즉 합격이나 안전, 번영의 약속(이익)을 받아내기 위해서 이루어지는 것이 일반적인 행태이기 때문에 제가 이런 말을 해도 잘 이해되지 않겠지만, 적어도 예전의 농민들의 신에 대한 자세는 달랐습니다.

'천지=신'인가

지금까지 저는 당연한 듯이 천지=신이라고 말을 해왔습니다. 그런데 이것은 타당한 것일까요? 농민에게 있어서 '천지'란 마을을 둘러싸고 있는 삼라만상 일체인데, 특히 논밭, 거기에 내리쬐는 햇빛, 공기와 바람, 비, 산이나 강, 연못의 물 그리고 무엇보다도 논밭의 흙 그리고 풀이나 벌레, 동물 같은 생명체들 그리고 마을 사람들까지 포함한 시간을 초월한 천지유정의 공동체입니다. 그런데 이것을 '신'이라고 부르기까지에는 어떤 비약이 있었던 것일까요?

종교학자는 일본의 신은 자연에 대한 두려움과 공포로부터 태어났다고, 즉 그것이 자연에 대한 숭배로 변했을 때 신이 생겼다며 극히 평범한 설명만 해줍니다. 그러나 자연에 대한 공포나 두려움은 누구나 느끼고, 인간의 지식을 넘어서는 초월적인 것을 느껴서 고개를 숙이는 일은 누구에게나 있는 일입니다. 그런데 그 대상에 '신'이라는 이름을 붙일 필요가 있었을까요?

저는 제사를 지내기 위해서 이름이 필요했던 것이 아닐까 하고 생각합니다. 제를 지내는 대상인 신성한 물체가 구체적으로 눈앞에 있을 때에는 모시기가 수월합니다. 오래된 신사에서 모시는 신체(神體)가 산이나 바위, 폭포 등인 것은 당연합니다. 그러나 비가 오는 날의 해나 가물었을 때의 비, 봄을 가져다주는 바람을 우리 눈앞에 두고 볼 수는 없습니다. 이럴 때에는 곤란합니다. 하물며 천지 전체를 신으로 모실 때에는 무언가 명칭이 필요하게 됩니다.

더욱이 신을 모시는 일을 혼자서 하는 경우는 없습니다. 마을 구성원 모두가 그 대상을 공감, 공유할 때 신을 모시는 일(제사, 축제)이 성립합니다. 천지는 왜 유정(생명)으로 가득한 것일까, 그러한 유정은 왜 매년 삶을 반복하는 것일까—이러한, 인간의 지식으로는 이해하지 못하는 것들의 대단함, 심오함에 대해서 이름을 붙이고 싶다는 마음이 마을 사람들의 공감을 얻게 되었을 때 제사(축제)가 시작되고, 신(과 그 이름)이 태어나며 공유되는 것일 터입니다.

이런 식으로 천지가 종교화되었던 것입니다. 그리고 현대의 우리까지도 구체적인 '천지'의 온갖 것들보다 '신'에 대해서 고맙다고 느끼게 된 것입니다.

신의 죽음이 임박하다

그런데 그렇게 해서 옛날 옛적에 태어난 신에게 커다란 위기가 닥쳐오고 있습니다. 앞에서 언급했듯이, 쇼와 40년대까지는 농작물의 수확을 표현할 때 '만들었다'고 말하는 농민은 별로 없었습니다. 대부분의 농민들이 '영글었다', '거두었다', '되었다'라고 표현했습니다. 그것이 '만들었다', '제조했다'로 변했습니다. 왜 변했는지, 간단하게 설명하기는 어렵습니다만, 특히 중요한 요인을 지적해두겠습니다.

'영글다, 거두다, 되다'는 인간이 주체가 아니라, 어디까지나 천지자연의 은혜를 사람이 받는다는, 수동적인 감각입니다. 한편 '만들다'는 주체가 사람이고, 자연을 가공해서 목적하는 것을 생산한다는 근대적(과학적) 발상입니다. 즉 쇼와 40년대(1965~1974)에 이러한 전환이 농민들이 의식하지 않는 사이에 서서히 진행되었다는 것입니다. 농업의 본격적인 근대화는 쇼와 30년대(1955~1964)에 시작되었지만, 당시에는 여전히 전근대적인 천지관도 강하게 남아 있었습니다. 그러다가 근대화 사상에 의해서 이런 감각이 시대에 뒤처진 것이라는 인상을 사람들이 갖게 된 것이 쇼와 40년대입니다.

대체 우리 사회에 무엇이 일어난 것일까요? 저는 '고도 경제성장'과 '과학기술의 발달'이 주된 원인이라고 느끼고 있습니다. 소위 본격적인 농업의 자본주의화, 근대화라고 할 수 있는 것들입니다. 농촌과 농업의 변화는 엄청난 것이었습니다.

이렇게 해서 '천지의 은혜'를 받는 감성은, '농업생산'이라는 농업기술과 농업 경영으로 인해 쇠약해졌습니다. 저도 지금에 와서야 깨닫지만, 이 사태를 '천지=신'의 죽음이라고 생각한 사람은 거의 없었습니다. 그리고 신의 죽음은 현재에도 확실하게 진행되고 있습니다.

농사의 정신의 대전환

말할 것도 없이, 그것은 '사람도 천지의 일원이다'라는 세계관의 사멸이기도 하고, 천지에 대해서 감사하는 마음(정신)의 죽음이기도 합니다. 이것을 '신의 죽음'이라고 저는 느끼는 것입니다. 이렇게 해서 '신'은 인간의 욕망 달성을 위한 기원의 상대가 되고 그렇게 해준 보답으로 감사를 받는 전도된 입장으로 몰렸습니다.

즉 '천지'를 '신'이라고 바꿔 말한 우리 조상들의 종교화 시도는 큰 시련에 직면한 것입니다. 저는 이대로 자본주의가 지속된다면, 신의 죽음은 천지의 죽음과 마찬가지로 피할 수 없을 것이라고 생각합니다. 그러나 그 한편으로 '자연'의 가치는 더욱더 높아질 것입니다. 아니, 표현이 틀렸습니다. 인간 이외를 가리키는 '자연'의 가치가 높아지면 높아질수록 천지라는 세계인식은 쇠퇴할 것입니다. 천지라고 말하는 동안에는 농민은 천지 속에서, 천지에 몰입하고 천지와 하나가 되는 것이 가능합니다. 그럴 때 천지에서 인간의 능력을 뛰어넘는 어떤 것을 느낍니다. 그것을 '신'이라고 한다면 그럴지도 모르겠습니다.

그러나 '자연'이란 인간이 자연의 외부로부터 바라보는 것이기 때문에 일체화되는 것이 아닙니다. 그래도 아직 많은 농민들은 '천지'를 '자연'으로 바꿔 부를 뿐이지 천지에 자신이 둘러싸여 있다는 감각은 잃지 않았다고 생각할 것입니다. 그러나 천지를 대상화해서 과학적으로 분석해 가는 일이 '만든다' 수단을 발달시키고, 동시에 '영글다'라는 감각, 즉 사람이 철저하게 수동적인 입장이 되어서(마음속이 청정하게 되어서) 신에게 다가가는 마음을 약화시킨 것은 경시할 수 없습니다.

오늘날 '감사'가 빠진 '기원'이 당연한 것이 되려고 하고 있습니다. 특히 신에게 인간의 개인적인 욕망의 달성을 기원한다는 것은, 앞서 언급한 와타라이 노부요시(度會延佳)도 경악을 금치 못할 것입니다. 과연 천지=신은, 현세에서의 이익을 청하며 손을 모은 인간을 상대해줄까요?

신=천지는 그러한 욕망 달성의 상대가 아니었는데, 유감스럽게도 신사(신도)는 이에 제동을 걸기는커녕 오히려 환영하는 듯한 태도를 취한다고 말하면 과언일까요. 신도는 농사의 호교(護敎)임을 포기하는 것일까요. 안타까운 일입니다.

그럼 어찌하면 좋을까요? 제가 제안하는 것 중의 하나는 천지의 생명체 하나하나의 삶에 대해서 그 삶을 다시 새롭게 느끼고, 혼을 느끼는 습관을 다시 한번 품는 것입니다. 농사일에서 생산성을 요구하는 사상이나 생명에 대한 시선을 무시하는 사상을 거부하는 것입니다.

또 하나는, 천지 속에 가득한 혼을 '신'이라고 부르기 전의 상태로 돌아가보면 어떨까요? 천지는 보이지만 신은 보이지 않는다는 태초의 종교화의 초심으로 돌아가보고 싶습니다.

농민으로 살다 보면 느껴지기는 하지만 보이지는 않는 것을 불러보고 싶다, 기도하고 싶다고 생각할 때가 있습니다. 그것을 무엇이라고 부르면 좋을까요? 우리는 이미 '신'이라는 말을 배웠기 때문에 다른 말은 생각나지 않는 정신상태가 되었습니다. 아마도 조용히 '신'이라고 읊조리겠지요. '신'이 아닌 다른 말이 자신 속에서 생겨난다면, 그것은 당신이 니노미야 손토쿠처럼 무언가를 읽어냈기 때문일 것입니다. 그 무언가를 표현할 수 있다면 신은 이름을 바꿔서 다시 살아날 것입니다.

'농사란 무엇인가'를 생각하다가 마침내 여기까지 와버렸습니다.

제5장

농민이 그리는 미래상

― 반(反)근대의 시점

1. 미래를 구상하다

미래 구상

농본주의는 예전에도, 지금도, 반체제 사상입니다. 왜냐하면 2000년 이상 계속된 '농사'의 본질과, 근대국가가 채용한 '근대화·자본주의화'는 서로 양립하지 않기 때문입니다. 따라서 국민국가가 근대화와 자본주의를 버리지 않는 한 농본주의자의 반체제운동은 계속됩니다. 자본주의가 지속되는 한 농본주의가 사회의 주류가 되는 일은 없을 것입니다. 농본주의자는 늘 농본주의가 사회에 받아들여지는 것을 꿈꿔왔지만, 그것은 낭만으로 끝나버렸습니다.

현대에는 농본주의 같은 '미래 구상'이 아니라 '미래 예측'만이 횡행합니다. 그런데 사람들은 자신들이 어떤 미래를 목표로하는가 하는 '구상'에 대해서는 의심의 눈초리를 보내고, 객관적인 데이터에 기반한 '예측'에는 누구나 귀를 기울입니다.

그러나 예측은 전형적인 외부로부터의 관점입니다. 예를 들면 이런 것들입니다. "100년 후 일본의 인구는 지금의 3분의 1이 된다", "석유와 천연가스의 채굴 연한은 약 50년, 우라늄은 70년, 석탄은 100년이다", "근대화 기술에 의존한 농업은 지속되지 못하고 식량위기가 닥칠 것이다" 등등.

한편 농민은 삶터(마을)의 미래에 대해서 생각합니다. "100년 후에도 논밭이 황폐해지지 않고 땅을 갈 수 있을 것인가?" "마을 축제는 계속될 것인가?" "개구리는 울고 고추잠자리는 날고 반딧

불은 반짝일 것인가?" "저 산봉우리의 석양은 늘 아름다울 것인가?" "마을 사람들이 다 같이 심은 산의 벚나무 아래에서 꽃놀이를 할 것인가?" 이것이 안으로부터의 관점입니다. 밖으로부터의 시선으로는 마을의 풍경이나 사람의 마음, 천지유정의 공동체의 변화는 예측할 수 없습니다.

단, 외부로부터의 미래 예측으로서 농본주의자들에게 용기를 준 것은, "곧 자본주의는 끝난다"는 것입니다. 그렇다면 어떻게 끝낼 것인가, 끝난 다음에는 어떻게 살아갈 것인가를 모두 함께 생각하는 미래 구상이 필요합니다. 자본주의가 대혼란 속에서 끝이 나서 강권적 정권이 탄생하는 것보다, 미리 단단히 준비해서 혼란 없이 다음 시대로 가는 것을 농본주의자는 바랍니다. 그러기 위해서는 안으로부터의 관점을 총동원해서 미래를 '구상'하지 않으면 안됩니다.

과거의 국가 구상

이쯤에서 쇼와 초기의 농본주의자, 다치바나 고자부로의 '국가 구상'을 참고로 살펴봅시다. 그는 마을에서의 점진적인 사회개혁을 목표로 하고, 차근차근 자신의 꿈을 이루어갔지만, 결국에는 5·15사건이라는 혁명을 일으키지 않을 수 없었다고 앞에서 서술했습니다. 다음은 혁명 이후, 즉 자본주의가 끝난 이후의 사회에 대한 구상입니다.

(혁명 이후에는) 국민을 위에서부터 아래로 무겁게 압박하는 정

치적 지배를 일소하고, 국민이 협동해서 자치를 하는 것이다. 국가
와 국민은 지배와 피지배 관계가 아니게 된다. 중앙집권제는 근본
적으로 재고해서 지방분권적으로 바꾸고, 국민적 공동자치주의의
결실이 맺어지도록 연맹하는 것이 국가의 역할이다.《일본애국혁신
본의》》

　농본주의자의 미래 구상은 언제나 마을 자치로부터 출발하는
것이 특징입니다. 이 원리는 앞으로도 통용되는 것입니다. 그리
하여 국가는 마을 자치의 '연맹(연합)'이 됩니다.
　다치바나는 농지(토지)에 대해서도 독특한 생각을 가지고 있었
습니다. 염두에 두어야 할 것은 당시는 일본 국민의 절반이 농민
이었던 시대라는 사실입니다.

　(혁명 후의) 사회에 있어서 토지(경작지)는 국민적 관리가 필요
하다. 이에 대한 대책은 얼마든지 있다. 첫째로 가산법(농지나 가옥,
택지 등 가산의 매매를 금지하는 법률)을 만들어 농가의 생활과 생산을
안정시킬 것, 둘째로 대지주를 없앨 것, 셋째로는 국유지를 해방해
서 내지식민(內地植民) 정책을 통해 새로운 촌락들을 건설할 것, 이
세 가지를 병행하면 국민들이 합리적으로 토지를 손에 넣을 수 있
게 된다.《일본애국혁신본의》》

　다치바나는 '농지의 국유화'와 '대지주'에는 단호하게 반대했
습니다. 농지는 농촌공동체의 소유로 해야 한다고 주장합니다.
농촌에 자치가 있고 마을의 토지를 지키는 것은, 농민들의 현실

을 감안하면 당연한 것입니다. 에도시대에도 경작할 때에는 토지의 사적 점유를 인정해도 농사를 짓지 않게 된 농민의 농지는 마을에 반납시킨다는 규칙이 있었다고 앞에서도 소개했습니다. 이것은 농지는 천지의 일부로서 사유화해서는 안된다는 농민들의 가치관에 뿌리를 둔 것입니다.

장래에 농지를 '마을 소유'로 되돌리게 된다면 현재 심각해지고 있는 토지 이용 문제의 대부분이 해결될 것입니다.

> (도시의) 소비경제와 농민의 생산경제의 관계는, 시장을 이용하면서도 협동조합의 형식에 의한 경제자치제로 운영하는 것이 가장 적절하다.
>
> 개인의 경제 생활은, 영리적 경제에 빠져 있던 것을 구해내서 후생경제 생활로 들어가게 하기 위해서 필요한 수단을 다 취하지 않으면 안된다.(《일본애국혁신본의》)

'시장경제'를 극복할 길을 열심히 구상하고 있습니다. 여기서 '후생경제 생활'이란 자본주의적 약육강식의 경제가 아니라, 다 같이 서로 도우며 사람답게 살며, 또 사회도 이를 보장하는 생활을 말합니다. 이렇게 대부분의 농본주의자들은 보다 나은 미래를 꿈꾸며 열심히 살았습니다. 이것은 분명 낭만적이었고, 유토피아였습니다. 현대에는 낭만도 유토피아도 죽은 말이 되었지만, '예측'이 아니라 '구상'을 세워나간다면, 이상을 향해 저마다 간직하고 있는 낭만을 이야기하지 않을 수 없습니다.

앞으로의 사회 구상이란

다치바나는 군부독재에 단호하게 반대했습니다. 독재는 중앙집권이기 때문입니다. 농본주의자는 미래를 구상하는 데 있어서도 국가 구상보다 마을의 구상을 우선시합니다. 다치바나가 말하듯이 마을을 '연맹(연합)시킨' 각각의 구상의 집합이 일본이라는 국가의 구상이 되면 되는 것입니다.

현대사회에서도 자본주의가 끝난 이후의 마을의 모습을 상상하는 것은 그리 어려운 일이 아닙니다. 내부로부터의 관점을 토대로 한 농민들의 경험에 근거하면 되기 때문입니다.

— 근대화(자본주의화)되지 않은 것에야말로 시대를 초월한 가치가 있기 때문에 미래에도 남게 된다

오랜 세월에 걸쳐서 만들어져온 것은 쉽게 근대화(자본주의화)되지 않았습니다. 그리고 천지유정의 공동체야말로 그 대표 격입니다. 자본주의화로 인해 상처를 상당히 입었어도 그 본질은 여전히 살아 있습니다.

우선 천지자연의 은혜를 받기 위한 논밭, 산림, 강과 수로, 저수지는 남겨야 합니다. 그렇게 하지 않으면 생명체들도 살지 못합니다. 다음으로, 그 천지자연 속에서 일하는 사람들의 공동체의 모체는 가족이고 또 마을공동체라는 사실을 재인식합니다. 따라서 다시 농촌으로 돌아가거나 이주하는 것이 가능하도록 만들어야 하는 것입니다. 그리고 자연의 법칙을 이해하고, 천지자연

의 품속에서 이루어지는 농사일과 생활의 지혜를 미래에 남겨야 합니다. 한편, 이와 반대의 경험도 성립합니다.

― 근대화된 것은 미래에 남지 않는다

수명이 짧은 '근대화 자산'이 좋은 예가 될 것입니다. 예를 들어, 화석에너지에 의존하는 농업기술은 미래에 남지 않을 것이고, 대규모로 구획된 논은 다시 작게 분할될 것입니다(당연히, 대규모로 합병된 지자체들은 원래대로 되돌리기보다 더욱더 작게 나누어지는 편이 좋을 것입니다).

이 결과를 종합해서 상상해보면, 아마도 자본주의가 본격적으로 농촌에 들어오기 전의 상태와 닮은 모습이 될 것입니다. 그것은 그렇게 오래전도 아닙니다. 1950년대의 농사일과 생활을 모델로 삼으면 됩니다. 아직 분업보다 자급이 많이 남아 있던 시대입니다. 천지자연도 조용하고 깊게 빛나던 시대입니다.

저보다 위의 세대는 아직도 이런 것들을 추억으로 간직하고 있습니다. "논에 생명들이 잔뜩 있었던 시대는 언제입니까?" 하고 물으면, 전후에 태어난 사람들은 이구동성으로 "쇼와 30년대"라고 대답하는 것이 그 증거입니다. 다만 그 하나하나를 구체적으로 말하기보다, 그 시대를 관통하던 전근대적 가치관이나 세계관을 어떻게 미래에 살려나갈 것인지를 생각하는 것이 농본주의자의 사명입니다.

2. 반근대의 사상적 근거

'삶'에 효율을 요구하지 않는다

'사회 구상'이라고 하면 아무래도 사회의 외형이나 구조에 초점이 맞추어져서 내용에 대한 관심은 옅어지기 십상입니다. 그러므로 안으로부터의 시선에 의한 미래 사회의 가치관을 생각해봅시다.

농본주의는 근대를 극복하기 위한 사상을 계속 찾아왔습니다. 농사에 한정된 것은 아니지만, 근대화가 가장 잔혹했던 부분은 사람과 사람 외의 생명들의 '삶'에 '효율'을 요구한 것입니다.

효율을 중시하는 사고방식은 자본주의의 경제적 풍요를 제공하는 대신에, 농사의 정신의 대전환을 강요했습니다. 같은 것을 생산한다면 보다 짧은 노동시간으로 생산하는 편이 좋고, 같은 노동시간이라면 더 많이 생산하는 편이 좋다는 사고방식은 혁신적이었습니다. 왜냐하면 똑같이 일하고 똑같은 것을 천지자연으로부터 끌어내는 생활을 지속해왔고, 그렇게 해서 아무런 불편이 없었던 시대가 계속 이어져왔기 때문입니다.

그때까지 세 시간 걸렸던 일을 두 시간에 할 수 있게 되었다고 해봅시다. 단축된 한 시간은 쓸모없는 시간이었던 것일까요? 아닙니다. 오히려 일의 과정 속에서 중요한 것도 단축(폐기)되었을지도 모른다고 생각해야 합니다. 다음으로, 단축된 한 시간을 어디에 쓸 것인가 하는 문제입니다. 생산을 늘리기 위해서 사용된다면 자본주의의 의도대로 되는 것입니다. 그러나 휴식이나 놀이, 배움에 그 시간을 쓴다면 근대 이전으로 돌아갈 수 있습니다.

자본주의는 서양에서 비롯된 '노동고역'설을 마련했습니다. 노동은 다른 즐거움을 얻기 위한 수단에 지나지 않는다는 것입니다. 그러나 일하는 것 자체가 즐겁다고 하는 농민들에게 이 논리는 전혀 통용되지 않습니다.

다음으로 근대화는 새로운 '욕망'을 개발했습니다. 1960년대에 그 전형을 볼 수 있었는데, TV, 냉장고, 자동차를 소유하는 것이 행복한 삶이라고 선전했습니다. 이전 수준의 노동과 생산으로는 이런 것들을 소유할 수 없기 때문에, 소득을 증가시키기 위해서 노동생산성을 높이자라는 논리가 받아들여지게 되었습니다.

농사의 세계에서도 효율의 추구는 농업기술(농업기계나 농약, 화학비료 등)과 묶어서 추진됩니다. 물론 이 경우 농업기술은 효율을 올리기 위한 목적으로 개발된 것이고, 돈을 주고 사지 않으면 안되는 것이기 때문에, 좋건 싫건 욕망을 부추기는 것입니다.

1960년대 이후 일본의 고도 경제성장은 이렇게 농촌에도 침투해서, 농사에도 효율과 생산성이라는 근대화 사상이 침입하게 되었습니다.

효율이 중시되면 '낭비하고 있는 시간'이 문제시됩니다. "하루에 세 번이나 논에 벼를 보러 가는 것은 비효율적이고, 그중 두 번은 낭비된 시간이다"라는 식입니다. 그런데도 하루에 세 번씩 논에 나가는 고집불통 농민은, 시대에 뒤떨어졌다고 바보 취급을 당하든지, 그래 봤자 놀고먹는 농사꾼 아니냐는 야유를 받게 됩니다. 과거에는 농민의 귀감으로서 존경을 받았던 존재였는데 말입니다.

자급을 위한 채마밭은 '취미농업'이 되어버리고, 마침내 효율에 신경을 쓰지 않는 농민을 '자급농업'이라는, 본래의 (자본주의적) 농업이 아니라는 식의 행정 용어로 지칭하게 되었습니다.

효율을 거부한 생명

그런데 생명체들은 단호하게 효율을 거부했습니다. 사람의 일이 효율화되고, 생물에까지 효율을 요구하는 인간들에게 기가 막힌 것인지도 모르겠습니다. 생명체들은 헤엄치는 속도를 높이거나, 부화하는 시간을 줄이거나, 먹이의 양을 증가시키기를 거부했습니다. 즉 근대화, 자본주의화, 경제화, 효율화를 거절한 것입니다.

"그래서 많은 생명체들이 멸종위기에 처한 것"이라는 지적은 올바른 것입니다. 그렇다면 무언가 조치를 취해야 하지 않을까요? 사람의 '삶'에서까지 생산성을 추구한 것에 대한 반성이 없기 때문에, 생명체들의 삶(生)이 상처받고 있는 것에 둔감하게 된 것입니다.

생물의 삶은 천지자연의 법에 따라서 숨 쉬고 있습니다. 따뜻할 때는 생명의 리듬도 조금은 빨라지지만, 계절을 벗어나는 일은 없습니다. 또다시 돌아오는 사계절을 위해서 하나하나의 삶이 준비되고, 사라져 갑니다. 이렇게 반복되는 리듬을 바꾸려고 할 때 천지자연의 법은 '자연의 제약'으로 돌변합니다. 즉 극복해야 할 대상이 되는 것입니다. 이렇게 되면 생명체의 리듬에 효율을 요구하는 것이 정당하고 자연스럽게 여겨집니다.

저는 도쿄 도심에 있는 지하실의 인공적 환경에서 벼를 재배하고 있는 곳을 견학한 일이 있습니다. 그곳에는 벼 이외에는, 수중의 풀을 빼고는 아무런 생명체도 없었습니다. 벽에는 논 풍경을 담은 사진이 붙어 있었는데, 보기에도 쓸쓸한 것이었습니다. 저는 이것은 벼에 대한 학대가 아닐까 하고 생각했습니다.

또 최근에는 진딧물을 잡아먹는 무당벌레가 딴 데로 가버리지 않도록 '날개가 없는 무당벌레'를 만들기 위한 품종개량 연구가 주목받고 있습니다. 그러나 이것은 생명체에 대해서 노골적으로 '효율'을 추구하는 것으로, 넘어서는 안될 선을 넘으려고 하는 것입니다. 천지자연의 은혜를 있는 그대로 받아들이는 정신과 생명체에 대한 정애야말로 농사를 지탱하는 것이라는 사실을 조금도 생각하지 않습니다. 더욱이 날개 없는 무당벌레의 기분을 상상해보면, 할 말을 잃게 됩니다.

이제는 인간만을 위한 생명체와 먹거리를 추구하는 근대화 노선과는 결별해야 합니다. 현대의 농민일지라도 문득 논의 생명들을 바라보는 일이 있습니다. 한숨 돌릴 때 마을의 풍경을 바라보며 크게 숨을 들이킵니다. 이 생명들과 산하는, 세월을 넘고 생사를 넘어서 지금까지 전해져 내려온 것입니다. 현대인들이 만들어낸 것이 아닙니다.

농민이 아니더라도 많은 사람들이 생명체를 보면 반가움을 느낍니다. 물론 어린 시절 추억 속의 생물을 만나서 기쁜 것도 있지만, 시공을 초월해서 무언가가 되살아나는 것을 느끼기 때문이라

고 생각합니다. 그 무언가라는 것은, 인생에서 잃어버린 부분일
지도 모릅니다.

시간을 되찾다

보통 논을 갈 때에는 경운기에 끌려가듯이 걷습니다. 이때는
시간이 천천히 흘러갑니다. 뒤집힌 흙 위를 돌아다니는 늑대거미
가 눈에 들어옵니다. 이제부터 땅을 갈 쪽에 있는 구주갈퀴덩굴
에는 칠성무당벌레가 앉아 있습니다. 연꽃에는 까만 콩깍지가 이
미 여물어 있습니다. 그런데 경운기를 밀듯이 하면서 걸을 때가
있습니다. 시간에 쫓길 때입니다. 구름 모양이 수상쩍어서 땅을
빨리 갈아버려야겠다고 생각할 때 같은 경우입니다. 민다고 해서
경운기가 빨리 움직이는 것도 아니지만, 마음이 급한 것입니다.
이런 경우에는 생명체들은 보이지 않게 됩니다. 같은 시간인데도
기분에는 시간이 답답하게 흐르는 것처럼 느껴집니다.

저는 급하면 경운기의 속도를 높이면 될 것을, 그렇게 하지 않
습니다. 이 마음을 '합리적'으로 설명하자면, 경운기 속도를 높이
면 땅을 가는 깊이가 아주 조금 얕아지기 때문입니다. 그러나 그
런 과학적인 논리 이전에 논에 대해서 무례한, 미안한 기분이 됩
니다. 사람의 사정 때문에 땅을 가는 방법을 바꾸는 것은 '천지
의 법'에 반하는 것으로 느껴집니다.

일을 되찾다

무인트랙터의 실용화가 가까이 왔습니다. "야, 사람이 없어도

농업이 가능하구나" 하며 환영하는 사람도 있습니다. 일손 부족 문제도 해결될 것이고, 농업의 생산 효율도 현격하게 올라갈 것이기 때문에 연구 예산도 넉넉할 것입니다.

그렇지만 저와 같은 현대의 농본주의자가 무인트랙터에 대해 혐오감을 갖는 까닭은, 그것은 농사일에서 가장 소중한 것, 즉 일에 몰입해서 자연과 일체가 되는 기쁨을 버리는 것이기 때문입니다. 농사일의 육체노동, 단순 조작을 괴로운 것으로밖에 보지 않는 정신이 드러나기 때문입니다.

날개 없는 무당벌레나 무인트랙터 같은 것을 환영하는 정신과, 환태평양경제동반자협정(TPP) 추진 등의 농업 '성장전략'은 동일한 뿌리로부터 나온 것입니다. 일의 실제 내용보다 그로부터 얻어질 경제적 가치를 잣대로 일을 평가하는 것입니다. 농민들 사이에서는 자주 주고받았던 말, "돈으로 살 수 없는 세계가 있다"는 말을 언제부터인가 입에 올리는 것조차 삼가는 시대가 되어버렸습니다.

일을 기계나 기술로 바꾸는 것은 신중하게 해야 합니다. 제초제를 사용하는 것을, 단순히 김매기라는 일을 제초제 살포라는 일로 바꾸었다고 보는 것은 피상적인 관점입니다. 김매기라고 하는, 비록 힘들지는 몰라도 풀의 생명을 접하는 풍요로운 일을, 그 풀과 대화도 할 수 없는 작업으로 변질시켜버리는 것입니다. 일을 농민의 즐거움으로 보는 농본주의자의 입장에서 보면, 이것은 타락입니다. 여기에 비하면 제초제의 안전성 같은 것은 지엽적인 논의라고 말할 수 있습니다.

'먹을거리'를 되찾다

이 책에서는 지금까지 '식량'에 대해서는 논하지 않았습니다. '식량'이라는 말을 사용하면 곧바로 국가의 시선으로 보게 될 뿐만 아니라, 인간만의 가치로 보게 되기 때문입니다. 다음의 그림을 보면, 벼가 인간을 위해서 자란다고 하는 관점이 얼마나 일방적인지 알 수 있습니다.

밥		쌀알		벼이삭		올챙이
1공기	=	3,000~4,000개	=	3줄기	=	35마리

밥 한 공기는 벼 세 줄기에 해당합니다. 그 세 줄기 주위에 생명체들이 얼마나 있는지 봅시다. 올챙이는 밥 한 공기에 35마리가 됩니다. 물벼룩이면 5,093마리, 잎새우면 11마리입니다. 또 개체수가 적은 생명체라면, 밥 몇 공기분이 만들어질 면적에 한 마리가 있다는 식으로 표현할 수 있습니다. 고추잠자리는 밥 3공기, 개구리는 6공기, 송사리는 83공기, 물방개는 13공기입니다.

저는 이 그림을 지역의 초등학교에 배포하면서 이렇게 이야기합니다. 우선, "무엇을 위해서 밥을 먹지?" 하고 묻습니다. "건강하게 살기 위해서"라는 답이 돌아옵니다. "그래도 한번씩은 올챙이를 기르기 위해서 먹는다고 생각해보렴" 하고 말하면, 아이들은 바로 "말도 안돼"라고 코웃음을 칩니다.

"그럼 논에 올챙이가 몇 마리나 있지?" 하고 질문합니다. "한 줄기에 열 마리 정도"라는 답이 바로 돌아옵니다. 학교에서 모내기를 하고 생명체 조사를 하기 때문입니다.

저는 고개를 끄덕이면서 다시 묻습니다. "밥 한 공기는 벼이삭 세 줄기분의 쌀이야. 만약 너희들이 밥을 한 그릇 덜 먹는다면, 벼 세 줄기분의 논이 필요 없어지겠지. 그러면 거기서 살고 있던 서른다섯 마리의 올챙이들은 잘 곳을 잃고 죽어버려. 너희들이 올챙이 서른다섯 마리를 죽인 셈이 된단다."

아이들은 일제히 "그건 과장이에요!"라고 목청을 높입니다. 저는 웃으면서 말을 이어갑니다. "하지만 너희들이 밥 한 공기를 먹기 때문에 벼 세 줄기가 필요하고, 우리 농민들은 열심히 일하고, 그 벼 주위에서는 올챙이 서른다섯 마리가 쑥쑥 자란단다. 너희들과 올챙이들은 밥을 통해서 연결되는 생명들이란다."

그러나 아이들은 어리둥절한 표정으로, "기분 나쁜 이야기는 아니지만 실감이 전혀 나지 않는다"고 합니다.

이는 아이들에 국한된 일이 아닙니다. 어느새 우리 어른들도 '논은 쌀을 생산하는 곳'이라고 생각합니다. 밥을 먹으면서, 이 쌀은 어디서 수확한 것일까, 어떤 논에서 자란 것일까, 고추잠자리나 개구리, 물방개들에 둘러싸여 있었을까, 같은 것들을 상상해보는 일은 이제 거의 없습니다.

쌀(벼)도 생명입니다. 그러나 '식량'이라고 해버리면 천지자연은 잊고, 마치 인간을 위해서만 존재하는 것으로 생각하게 되어버립니다.

먹거리와 천지자연을 잇다

농사를 산업화해서 농업으로 만들기 위해선, 우선 먹거리를 '식량'으로 만들어서 천지자연으로부터 떼어내야 했습니다. 시장경제에 편입하여 자유롭게 유통시키기 위해서입니다. 그리고 식량을 돈으로 사는 관행이 정착했습니다. 그 결과 많은 일본인들이 "돈이 없으면 먹고살 수 없다"고 생각하게 되었습니다.

이제는 그 누구도 문제시하지 않는 것이 농가의 식량자급률입니다. 자가소비 농산물을 화폐로 환산해서 계산하면, 현재 전국 평균이 10퍼센트를 조금 넘습니다. 물론 농민도 생선이나 술, 우유 등은 사지 않으면 구할 수 없기 때문에 1955년까지도 자급률은 70퍼센트 정도였는데, 분업화·자본주의화로 인해 이만큼 하락한 것입니다. 자급하던 먹거리도 '돈 주고 사는 것이 싼' 사회가 되었기 때문입니다. 먹거리인데도 분업화·자본주의화에 저항하고 대항하지 못한 결과는 매우 심각합니다. 먹거리만은 자본주의화에 대항할 수 있는 특별한 것이라는 생각이 있기 때문에 수입 자유화에 반대하는 사람들이 적지 않기 때문입니다.

자본주의의 진전에 대해서는 반대하지 못하더라도 시장의 세계화에 대해서는 반대하려는 사람들의 최후의 보루가 먹거리가 되었으면 좋겠다고 저는 생각합니다. 왜 먹거리만은 글로벌화하는 시장에 맡겨서는 안되는 것일까요? 먹거리는 천지자연의 은혜이기 때문입니다. 먹거리는 천지자연과 사람 사이의 연결(계약)을 증명해주고 보장해주며, 또 이를 생각하게 만들어주는 것이기 때문입니다.

먹거리의 자급은, 필요할 때를 대비하는 것이 아니라, 먹거리와 천지자연을 다시금 강고하게 연결시키는 것입니다. 농민들의 식탁 자급도 물론이지만, 농민이 아닌 사람들의 식탁에서도 그러한 감각을 잃어버리지 않도록 하는 것을 가볍게 여겨서는 안됩니다. 바로 여기에 농사가 우리 모두의 것이라는 점을 밝혀주는 열쇠가 숨어 있습니다. 농본주의의 원리인 '농사는 사회의 모체'이다, 즉 '농사는 천지에 떠 있는, 모두가 타고 있는 커다란 배'라는 핵심이 있기 때문입니다.

땅은 생명이고, 생명의 어머니이다

저는 이제 25년째 무농약, 무화학비료로 벼나 채소, 과수를 기르고 있는데, 해가 갈수록 해충이나 질병이 발생하지 않게 되었습니다. 외부로부터의 관점에서 설명한다면, "생태계가 풍요로워져서 안정되었다"고 할 수 있겠지만, 구체적으로 왜 그런지 설명하라면 곤란합니다. 생태계(천지자연)는 너무나도 복잡하고 깊어서, 제가 조사하고 관찰하는 세계는 극히 일부에 지나지 않습니다. 다른 농민들도 마찬가지일 것입니다. 그래서 농민들은 "땅이 만들어졌기 때문"이라고 말합니다.

이것은 과학적인 설명이 아닌데도 막연하게나마 알 것 같은 느낌이 드니 희한한 일입니다. 이는 땅을 천지자연의 대리로 보는 것입니다. 어떤 일이 있어도 농민이 천지자연을 개조하는 일은 할 수 없습니다. 그러나 그 일부인 땅이라면 깊게 갈고, 퇴비를 뿌려서 차츰차츰 풍요롭게 만들 수 있습니다.

다치바나 고자부로는 "땅으로 돌아가는" 것을 자주 강조했습니다. 그에게 있어서 땅은 천지자연의 품이면서 자신의 손이 닿는 곳이었습니다. 그것은 매우 따뜻한 것으로, 땅을 가는 것은 그 천지자연으로 들어가는 것이었습니다.

앞으로의 농사는 땅을 '토양'으로 만들어버린 근대화로부터 다시 땅을 되찾는 미래를 지향하면 좋을 것입니다.

안으로부터의 시선을 되찾다

농민에게는 농민만의 독특한 관점이 있습니다. 그것은 천지유정의 공동체로부터 우러나오는 것입니다. 이 독특한 세계 감각을 널리 알리기 위해서는 표현 방법을 개발할 필요가 있었습니다.

이 책에서 자주 언급한 '내부로부터의 시선'이 바로 제가 제창하는 '농민학'의 핵심이 되는 방법입니다. 지금까지의 농업에 대한 관점은 너무나도 외부로부터의 시선 중심이었습니다. 외부로부터의 시선을 부정하는 것은 아니지만, 내부로부터의 시선과 교차하는 지점에서 비로소 세계가 보이게 된다는 것이 '농민학'의 핵심입니다. 그 '미래 구상'에 대해서 보도록 하겠습니다.

외부로부터의 시선은 사람의 삶을 요소요소로 분해해서 분석합니다. 예를 들어 "화석에너지가 고갈되어가니까 장작 같은 바이오매스 에너지로 바뀌어갈 것"이라고 예상합니다. 그러나 안으로부터의 시선을 통해 보면, 장작은 그저 단순한 에너지가 아닙니다. 그것은 할아버지, 할머니가 산이라는 천지에 심어준 묘목이었던 것으로, 조부모의 마음이 담겨 있습니다. 나무를 손질

한 부모의 추억도 담겨 있습니다. 그런 나무를 베거나 가지치기를 해서 장작으로 만드는 것입니다. 그리고 그 장작으로 불을 지펴 목욕물을 데우면서 그 불꽃을 바라보는 동안 오늘 하루를 되돌아보게 되는 것입니다.

저는 논 옆에 흐르는 강에 수력발전용 수차를 설치하는 것을 주저하고 있습니다. 전력이라는 에너지원을 조달하는 것만으로는 강이나 물과의 '사귐'이 되살아나지 않을 것을 걱정해서입니다. 그러나 50년 전의 방앗간 물레방아는 생활 속에서 생겨난 것으로, 물레방아를 살피는 것 자체가 생활이었습니다.

매일 강의 수량을 확인하고, 쓰레기를 치우고, 물레방아 소리로 그 상태를 점검하고, 꼭 필요한 곳에 한해서 전력을 공급하는 시스템이라면 괜찮겠습니다. 그렇게 되면 수원지인 산을 가꾸는 것도 시야에 들어오게 될 것이고, 강을 다시 풍요롭게 만들려고 하게 될 것입니다. 미래의 에너지(시스템)은 지금의 전력 생산·소비 방식과 같은 식이어서는 안됩니다.

천지자연을 모델로

일본인들이 천지자연을 모델로 삼고 싶어 하는 이유는, 천지자연은 언제나 자연 그대로 존재한다고 느끼기 때문입니다. 한편, 사람은 고뇌의 화신이라고 해도 좋을 것입니다. 농사를 짓다 보면 고민거리가 끊이지를 않습니다. 늘 어딘가에 정신을 빼앗긴 채 살아갑니다. 그런데 생명체들은 별 고민도 없이 살아가는 듯이 보입니다. "좋구나, 너희들은" 하며 말을 걸고 싶어집니다.

그런 때에 논밭에 나가서 일을 하면, 무언가 구원받은 기분이 됩니다. 게다가 농사일에는 정말 대단한 다른 세계가 기다리고 있습니다. 이러한 것들을 생각하는 나 자신조차 망각해가게 되니 말입니다.

저도 잘 표현하지 못합니다만, 대부분의 농민들은 이런 심경을 표현하지 않습니다. 오히려 종교에서 이런 농민들의 세계를 모델로 삼아, 인간이 천지자연에 매혹되는 것은 거기에서 사람 본연의 모습을 보기 때문이라고 설명하고 있습니다.

그런데 인간은 어느새 천지로부터 독립해서 천지와 마주하게 되었습니다. 이것은 불행한 일이라고, 현대인들도 어렴풋이 알고 있습니다. 그렇기 때문에 천지의 일원으로 돌아가는 한때가 극히 행복한 때로 보이는 것입니다. 그것은 농사일을 통해 도달하는 세계입니다.

3. 앞으로의 '풍요'와 '가난'에 대한 인식

행복을 추구하는 방식

현대사회에서는 '행복'이 개인적인 것으로 되어 있습니다. "모두를 위한 일을 하고 싶다"고 하는 사람도 적지는 않지만, 그것이 "결과적으로 자신의 삶의 보람이 되기 때문"이라는 이유도 있는 모양입니다. 농본주의자의 사고방식에도 비슷한 부분이 있습니다만, 그 차이도 확연합니다. 미야자와 겐지(宮澤賢治)는《농민예술 개론 강요》에서 이렇게 논하고 있습니다.

세계 전체가 행복해지지 않는 한 개인의 행복은 불가능하다.
우리가 세계의 진정한 행복을 찾으려고 하는 구도의 길, 그것이 이미 길이다.

개인의 행복을 버리고 5·15사건을 일으킨 농본주의자 다치바나 고자부로는, 모든 이의 행복을 열심히 찾은 구도자이기도 했습니다. 다음은 《다치바나 고자부로 옥중 통신》(建設社, 1934)의 서문입니다.

현재의 저의 심경은, 농촌사회의 번영을 간절하게 바라고 있습니다. 처자나 형제, 제자들에 대한 사랑에도 때로는 견디기 힘든 고통을 느끼지만, 이것도 이 나라를 사랑하는 구도자로서 짊어지지 않으면 안되는 약속이라고 생각합니다.

개인의 행복과 사회의 행복을 저울에 달아 비교하지 않으면 안되는 시대는 그리 좋은 시대는 아니겠지요. 또 그 사회가 마을이라면 좋겠지만 국민국가 전체를 가리키는 것이라면, 보통 사람은 그저 망연해질 수밖에 없습니다. 그러나 농본주의자는 이미 마을만이 아니라 국민국가 전체를 향한 고통스러운 시선을 가지게 된 사람들이었습니다.

다치바나는 산업조합(협동조합)을 설립하고 학교를 만들고 농사일에도 몰두했습니다. 그러나 그것만으로는 아무것도 이루어지지 않는다는 것을 깨달았을 때, 개인의 행복은 마을로부터 멀리 떨어져 갔습니다.

현대의 농본주의자는 마을 밖으로 나가려고 하지 않습니다. 마을에서 자본주의에 대항하고, 국가와 대치하는 것입니다. 그리고 이것은 자신의 행복만을 위한 것이 아닙니다.

행복은 무엇인가

물건을 갖고 싶다는 욕망은 선천적인 것이 아니라 진보와 발전에 의해서 만들어진 것입니다. 그 증거로, 세상이 변하지 않는다면 아무 변화 없는 생활이라도 조금도 불편할 것이 없습니다. 현대사회에서는 오히려 물욕이 없는 편이 행복한 것이 아닐까요. 물건과 돈이 넘쳐나는 것보다 새로운 물건을 원하지 않는, 변하지 않는 생활이 더 안도감을 주기 때문입니다.

그리고 그 최고의 경지는, 천지자연의 품속에서 살아가는 것입니다. 천지자연 아래에서, 가족과 함께, 변하지 않는 일을 하면서 변하지 않는 생활을 해나가는 것입니다. 밖에서 보면 보잘것없는 뒤처진 힘들어 보이는 평범한 일이라도, 안으로부터 보면 다릅니다. 천지자연의 기운을 받아 가족이 다 함께 서로 도우면서, 고운 마을 풍경 속에서 땀을 흘리는 것은 행복한 인생입니다.

천지자연이 유정(생명)으로 가득하지 않았더라면, 하고 상상하면 등줄기가 서늘해집니다. 농사일을 나와 같이 하는 것은 가족만이 아니고, 천지자연의 생명체들도 다 같이 일하는 것이기 때문입니다. 유기물을 먹어주는 지렁이나 곤충들처럼 쓸모 있는 생명체들뿐만 아니라, 논밭에 살고 있는 많은 곤충들이 다 마찬가

212

지입니다. 이런 행복감을 잃어버리면 안됩니다.

경제를 중심에 두지 않는 삶의 방식

농촌에 분업이 침투한 것은 농사를 자본주의로 편입시키기 위한 전략이었습니다. 따라서 분업을 거부하고 자급하는 것은 자본주의로부터 한 발을 빼고 살아가는 것입니다. 작은 일부터 시작하면 됩니다. 사서 쓰던 것을 자급하고, 타인에게 의지하던 것을 스스로 하는 것은 그렇게 어려운 일이 아닙니다. 농민이라면 쉬운 일들입니다. 다만 이를 위해서는 시간이 듭니다. 기술과 지혜를 되살리고, 연마하고, 배우지 않으면 안됩니다. 저도 차(茶)를 자급하기 시작했습니다. 차를 만드는 기술은 이웃 농민으로부터 배웠는데, 아직 잘되지는 않습니다. 그러나 스스로 만든 차는 나름 맛있습니다. 매년 기술이 느는 것도 즐거운 일입니다. 그리고 무엇보다도 차나무에 애정을 쏟게 됩니다.

자급을 위해서 사용한 노동시간을 임금으로 환산한다면 물론 사는 편이 싸게 치일 것입니다. 그러나 자급은 임금이라는 자본주의적 관념을 무시하고, 그로부터 벗어나는 데에 의의가 있습니다. 분업이 들어오면 "사는 편이, 남에게 맡기는 편이 싸다"라는 구실이 통용되게 되고, 어느새 임금, 비용이라는 자본주의적 척도가 들어오게 됩니다. "사는 게 쌀지는 모르지만 스스로 키우는 기쁨은 버리기 어렵지요. 스스로 만드는 기술도 계승하고 싶지요. 스스로 일하면 생명체들의 마음을 알게 되지요." 이렇게 본래의 삶을 되찾았으면 좋겠습니다.

자급의 본질은, 외부로부터의 눈으로 본다면 자본주의로부터 벗어나는 것이며, 내부의 시각에서 보면 천지유정의 공동체로 되돌아가는 것입니다. 자급의 세계는 천지자연의 품에 안기는 기회를 늘리는 것입니다. 왜냐하면 자본주의화가 되기 전에는, 대부분의 활동이 인간과 천지자연이 직접 연결됨으로써 성립했기 때문입니다. 마을 대장간에서 철과 불, 망치로 형태를 갖춰가며 괭이를 만드는 모습과 기술을 직접 보는 것도, 말하자면 자급의 범위입니다. 도시 사람도 도시농원 같은 곳에서 씨를 뿌려보면 천지의 은혜를 실감할 수 있습니다. 도쿄의 '긴자 꿀벌 프로젝트'에서는, 도심의 빌딩 옥상에서 꿀벌을 기릅니다. 가로수나 공원 같은 데에도 생명체를 기를 꽃들이 핀다는 사실을 도시인들이 깨달은 것에 대해서 농촌에 사는 저도 감동했습니다.

자급생활을 회복하기 위해서 가장 시도하기 좋은 것이 먹거리의 자급입니다. 도시에서 사는 사람이라면 자신이 잘 아는 농민으로부터 먹거리를 직접 구입하는 것도 자급이라고 할 수 있습니다. 이런 점에서 농민들이 얼마나 혜택받는 입장에 있는지, 너무나 당연하게 여겨서 자각하지 못하는 것이 안타깝습니다.

자본주의의 척도

현대사회에서는 자본주의적 척도에 의해서 생산과 소비가 관리되고, 유도됩니다. 이에 대항해서 본래의 농사를 되찾기 위해서 비(反)자본주의적인 평가의 기준이 필요합니다. 그것을 '농본주의적 척도'라고 부릅시다.

우선 농본주의의 척도를 자본주의적으로 해석해봅시다.

앞의 [ ] 괄호가 농본주의에 따른 해석이고, 뒤의 ( ) 괄호가 자본주의적 해석입니다.

'소득'은 [농사에 대한 평가의 일례]에 불과했는데, (농업 가치의 대부분)이 되었습니다.

'GDP'는 [다른 세계의 부]였는데, (국익의 전부)가 되었습니다.

'농업생산'은 [유용성으로 본 천지의 은혜]였는데, (시장의 평가)가 되었습니다.

'노동시간'은 [시간은 잊어버리는 편이 좋은] 것이었는데, (짧은 편이 좋은) 것으로 되었습니다.

'생산성'은 [인간 본위의 위험한 것]이었는데, (좋은 노동의 기준)이 되었습니다.

'효율을 추구'하는 것은 [이상한 감각의 삶의 방식]이었는데, (자본주의 발달의 기초)가 되었습니다.

'투자'할 생각이 있다면 [그러니 모두와 나누자]고 생각했는데, (부를 늘리는 방법)으로 횡행하고 있습니다.

'이윤'이 생기면 [천지자연으로 되돌리는] 것이 온당한 것이었는데, (자신의 노력에 대한 보수)로서 자기 소유로 취합니다.

'생산비용'은 [천지자연에 대한 감사]였는데, (적은 편이 좋다)고 생각하게 되었습니다.

'수확량'은 [천지자연으로부터 받은 은혜의 양]이었는데, (농업기술의 성과)가 되었습니다.

다음에 제가 제안하는 '농본주의적 척도'를 표로 만들어보았습니다(표3).

농본주의적 척도	농본주의의 해석	자본주의의 해석
천지유정의 공동체의 풍요로움	인생의 모체	시대에 뒤떨어진 가치관
천지자연에 둘러싸이다	농사의 기쁨의 본체	취미의 세계
천지자연의 은혜	받고 감사 인사를 한다	기술의 성과
자급하다	천지자연에 맡기는 삶의 방식	돈이 없을 때의 방편
여가 · 취미(풍류) · 도락	일의 다른 이름	노동을 보완하는 것
일이 진척되다	천지자연과의 관계가 양호	생산성이 높다
서로 협력하다	천지자연의 요청	곤란할 때의 수단
시골(마을)	천지유정의 공동체	해체해야 할 것
풍경	천지자연에 손을 보탠 결과	무상으로 보는 것
살아 있는 것(생명체)	같은 천지자연의 구성원	이용하는 대상
과거	현재를 준비해준 것	진부한 세계
미래	과거를 이어가는 세계	나의 사후의 일
환경 보전	천지자연에 감사하는 마음	여유가 있으면 하는 것
가족	천지유정의 공동체의 근거지	노동의 출격지
정애	생명체들의 삶에 대한 공감	쓸데없는 것
사상	탈근대화의 뒷받침이 되는 것	시장에 봉사하는 것
소비자	천지유정의 공동체의 일원	시장을 이용하는 인간
일	천지자연에 작용하는 것	노동이 되기 전의 형태
경제	생각하지 않아도 되는 게 좋다	무엇보다 우선시한다

표3. 농본주의와 자본주의의 해석의 차이

경쟁하지 않는다

농민들 중에는 진심으로, 가치 있는 것을 생산하면 자본주의사회에서도 살아남을 수 있다고 말하는 사람들이 있습니다. 어디에도 없는 품종이니까, 누구도 하지 않는 재배법이니까, 어디서도 볼 수 없는 품질이니까, 어디에 가든 팔린다는 것입니다. 이 논리는 언뜻 옳은 것처럼 보입니다. 그러나 왜 경쟁하지 않으면 안되는 것일까요? 이것은 산지 간 경쟁을 장려하고 우열로 갈리는 승패를 인정하는 주장입니다. 마을 자급을 부정하는 논리에 가담하는 것입니다. 이 논리를 외국으로까지 범위를 넓히면 수입을 거부할 논거가 없어집니다.

경쟁은 자본주의적 척도가 있기 때문에 가능한 것입니다. 품질이나 가격을 다른 산지나 다른 나라를 무너뜨리기 위한 척도(도구)로 사용해서는 안됩니다. 물론 당사자는 그런 생각은 아니겠지만, 품질이나 가격 등의 기준은 외부로부터 비롯되는 것입니다. 생산과 소비가 만나는 지점에서 합의된 것이 아닙니다. 자급으로부터 멀어지면 이런 유혹에 빠지게 됩니다.

그런 의미에서 농산물의 품질표시도 위험합니다. 쌀이라면 먹어보면 알 터인데 군이 점수로 표시합니다. 외부의 척도에 의지하게 되면 중요한 '원리'를 잃어버리는 것도 모르게 됩니다.

가난을 떨치다

자본주의가 발달하면 발달할수록 가난이 무서워집니다. 오로지 소득 액수만으로 삶을 평가하게 되면, 소득이 낮으면 비참해집니다.

농사를 지으면 가난을 무서워하지 않게 됩니다. 물론 농업 경영에서는 소득이 많고 적음을 문제시하지만, 풍요와 가난은 소득의 문제가 아닙니다. 마을에서는 소득이 낮다고 해서 무시당하는

일은 없습니다. 인간관계나 천지자연과의 관계에서는 경제는 척
도가 되지 않습니다.

그럼 '가난'의 내실을 생각해봅시다. 옛날에는 일부러 가난을
선택하는 인생도 있었고, 가난하다고 무시당하는 일도 없었습니
다. 그 전형이 출가한 사람입니다. 소유욕을 버리니 가난한 삶은
당연한 것이었습니다. 그리고 그런 삶은 출가하지 않은 사람들에
게도 모범이 되었습니다. 현대인은 가난으로부터 해방되기 위해
서 돈을 획득하려고 합니다. 불교에서는 그것을 번뇌라고 가르칩
니다.

농본주의자 마츠다 기이치는 농민의 삶의 방식을 다섯 단계로
나눕니다. 그것은 ①생활을 위해 농사를 짓는 농민, ②예술화의
농민, ③시적 정조화의 농민, ④철학화의 농민, ⑤종교화의 농민
등입니다.

마츠다는 단호하게 말합니다. "이상의 다섯 가지를 다 갖춘 자
만이 진정한 농민이다. 생활만을 위해서 농사를 짓는다면 아직
반의반도 농민이 아니다. 나머지 넷을 다 갖추어서 속히 진정한
농민이 되지 않으면 안된다."

여기서 주목할 것은 '생활을 위해 농사를 짓는 농민'이 최하위
의 위치에 있다는 점입니다. 그는 "생활은 낮게, 사업(농사일)은
높게"를 슬로건으로 내걸고 있었습니다. 마츠다는 "아무리 소득
이 늘어나 생활수준이 올라가더라도, 작금의 이 세상의 유혹 때
문에 농사를 기피하게 된다"고 꿰뚫어 보고 있었습니다. 마츠다
는 가난을 무서워하지 않았습니다. 마츠다농장에서의 생활은 매

우 검소했습니다. 돈을 버는 것이라면 농사 외의 직업이 유리할지 모르지만, 농사에는 더욱더 풍요로운 세계가 있다고 앞의 5단계에서 강조한 것입니다.

이렇게 농본주의자는 "농사는 자본주의에 맞지 않다"고 자각하고 있었기 때문에, 비경제적 세계에서 행복을 추구했습니다. 이를 현대사회의 눈으로 보자면 구도자처럼 보이겠지요. 그 길은 천지자연 속에 있었습니다.

4. 농사의 본질을 계속 지켜나가다

농사의 절반을 자본주의로부터 떼어내다

농사의 가치를 시장경제로 평가한다면, 농산물의 경제가치로만 보일 것입니다. 농본주의자는 "농사를 자본주의의 밖에 두라"고 요구합니다. 농사의 가치를 시장경제 속에서만 평가하지 말라고 바꿔 말해도 좋을 것입니다. 그럼 어떻게 해야 할까요? 유럽연합(EU) 국가들의 농민들은 소득의 70퍼센트 이상을 국가나 주(州), EU 세금으로부터 직접 수령하고 있습니다. 자연환경을 지키고 있다는 이유로, 풍경이나 자연환경의 가치나 그것을 지탱하는 농법에 지불되는 '환경직불금'이라는 정책이 있어서 가능한 것입니다.

저는 두 차례 정도 독일에 조사하러 간 적이 있습니다. 왜 농민들만 특별히 많이 지원하는가, 또 독일 국민들은 이것을 수긍하는지 알고 싶어서입니다. 그 사정을 이해하게 된 것은 어느 농촌 마을을 방문했을 때였습니다.

그 마을에서는 사과를 주스로 만들어서 팔고 있었는데, 날개 돋친 듯 팔리고 있었습니다. 그런데 잘 팔리는 이유가 결코 무농약 재배로 안전하기 때문이거나, 특별한 착즙 방법을 사용하기 때문이거나, 지역산이라서 신선해서, 영양소가 많이 함유되었기 때문에, 가격이 싸서, 또는 포장이 좋아서 등과 같이, 우리 일본인들이 생각할 법한 것들이 아니었습니다. "이 사과주스를 마시지 않으면 이 마을의 풍경이 황폐해지기 때문"에 도시 사람들이 사 간다는 것이었습니다.

놀랐습니다. 먹거리의 가치는 그 먹거리 속에만 있는 것이 아니라 오히려 그 바깥의 자연이나 풍경에 있었던 것입니다. 이것은 '먹거리는 자연의 은혜'라는 개념을 현대적으로 다시 표현한 농업관이라고 생각했습니다. 그래서 "독일에서는 예전부터 이런 발상이 있었는가?" 하고 물었더니, "아니다, 10년 정도 전부터 EU 내의 농산물 무역이 자유화되고 나서 소비자와 농민들에게 이런 관점이 생겼다"고 이야기했습니다.

이런 감각을 정책으로 만드는 것이 정치일 것입니다. 그리되면 농사의 가치로서 농산물만이 아니라 풍경이나 자연환경의 가치도 포함시켜서 주민이나 국민이 그 가치에 대해서 직접 지불하면 됩니다. 이것이 '환경직불금'의 정신입니다. 농사에서 반이 넘는 부분을 시장경제와는 별개로 평가하고 그 대가를 지불하는 것이니, 농사를 자본주의로부터 떼어내는 정책이라고 평가할 수 있을 것입니다.

농업을 농사로 되돌리다

이 사과주스 이야기는 여러 가지 생각을 하게 해줍니다. 그것들을 열거해보겠습니다.

①'농촌의 풍경도 농업생산물이다'라는 새로운 관점이 도입되었습니다. (그러나 원래 농사라는 것은 그런 것이었습니다. 교환가치가 있는 것만이 생산물이라고 강조되기 시작한 것은 자본주의화 이후부터입니다.)

②농사의 평가를 전면적으로 시장경제에만 맡기면 풍경의 가치는 누락되므로 국민이 직접 평가하는 것입니다. (시장이란 것은 워낙에 그 정도의 역할밖에 못 하는 것인데, 시장에 너무나 과한 힘을 부여한 것에 대해 반성할 계기가 풍경이나 자연환경 덕분에 생겼습니다.)

③농민과 소비자(국민) 사이에, 풍경을 지키기 위한 부담을 더불어 진다는 정신이 생겼습니다. (농사에 대한 대가가 시장에서 전부 다 치르어졌다고 하는 착각이 바로잡히고 있습니다. 시장을 넘어서는 방법이 보이고 있습니다.)

④풍경이나 자연환경을 '이 마을의 풍경을 지키기 위해서'라는 식의 애향심에 의해서 평가하고, 표현하려고 하고 있습니다. (애향심이 결코 농민들만의 것이 아니라는 것이 증명된 것은 획기적인 일입니다.)

⑤풍경이나 자연환경을 지탱해온 노동에 대해서 대가가 지불

되게 되었습니다. (지금까지의 이른바 공짜 노동이 해소되려고 하고 있습니다.)

풍경이나 자연환경까지 '농업생산물'로 취급해서 환경직불금 제도가 실시되는 농업관으로의 전환이 어떻게 EU에서 실현되었는가, 그 이유를 잘 알 수 있습니다. 유럽과 일본은 자연관이 다르고, 서양은 자연환경을 대상화해서 그 가치를 합리적으로 설명하는 문화가 발달했다, 근대화가 100년 이상 빨랐던 서양에서는 근대화에 대한 반성도 일찍 시작되었다 등등의 이유를 들면서 일본에서는 시기상조라고 변명하고 있을 상황이 아닙니다.

예전에 도쿄역에서 캘리포니아산 쌀을 사용한 도시락이 판매되었습니다. 이 도시락을 사서 일본의 농촌 풍경을 바라보며 열차 속에서 그 도시락을 펼쳐 놓고 먹는 여행객(그리고 그것을 판매한 JR)과는 정반대입니다.

일본의 풍경을 지키는 법

풍경은 천지자연과 인간의 관계의 표현입니다. 현대의 일본은 어떨까요? 니가타현에서는 '푸른 논두렁 만들기 운동'이 현청 주도로 실시되었습니다. 논두렁에 제초제를 살포해서(평야지대에서는 70퍼센트가 넘습니다) 흉한 풍경이 되었기 때문입니다. 제초제를 사용하지 말고 예전처럼 풀베기를 하자고 호소합니다.

그러나 니가타현은 쌀농사 근대화에서 앞서가는 지역입니다. 논두렁에 제초제를 살포해서 노동시간을 줄이고 낮은 비용의 쌀

농사를 실현했기 때문에 농림수산성 입장에서 보자면 우등생입니다. 그러나 이것은 어디까지나 자본주의적 척도로 보았을 때의 우량 사례였던 것입니다. 돈이 되지 않는 풍경은 고려하지 않는 농업기술이나 농업정책에 중대한 결함이 있었다는 것을 이제 증명하고 있는 것입니다. 이런 세계를 지키기 위해서 '환경직불금'이 필요합니다. 논두렁에 제초제를 살포하지 않고, 연 4회 이상 풀베기를 하는 논에는 10아르당 5,000엔의 환경직불금을 실시하면 됩니다. "풀베기를 통해서 아름다운 풍경이 지켜지고, 논두렁에는 꽃들이 피고, 생명체들의 살 곳이 지켜집니다"라고 국민들에게 설명하면 공감을 얻을 것입니다.

100년 후 미래의 모습

그럼 이제 농사를 중심으로 해서 100년 후의 사회를 내부와 외부의 관점을 섞어서 묘사해보겠습니다.

①인구가 3분의 1로 줄어도 농민은 국민의 절반을 넘습니다. 농지는 마을에서 공동 소유하고 많은 사람들에게 경지로 제공되며, 농사짓는 일은 모두가 동경하는 직업이 됩니다.

②많은 사람들이 먹거리를 중심으로 가능한 한 자급하기 위해 노력합니다. 외국으로부터의 식량 수입은 거의 없어지고, 수출은 식량이 부족한 나라나 지역으로만 하게 됩니다.

③돈이 없어도 먹고살 수 있는 보장을 마을에서 얻게 됩니다. 작은 상점가들에도 활기가 넘칩니다.

④시간은 천천히 흐르고, 효율을 경쟁하는 일은 없어지고, 애초에 경쟁이 필요 없는 세상이 됩니다.

⑤천지자연에 대한 몰입은 빼놓을 수 없는 관습이 됩니다. 도시에도 여기저기 농지가 조성됩니다.

⑥천지유정의 풍경이 풍요롭게 되살아나서, 일본 어디를 가더라도 깨끗하고 차분한 풍경을 볼 수 있습니다.

⑦마을의 천지자연으로부터 얻은 장작이나 낙엽, 잡초 등이 주요한 에너지원이 되고, 잘 관리되고 있습니다. 화석에너지는 중요한 분야나 재해 시에 이용하도록 배당됩니다. 농업에 배당되는 것은 간척지의 배수펌프 정도일 것입니다.

⑧수차나 퇴비의 열, 가스, 유채나 콩의 기름, 태양열 등이 잘 이용되고, 에너지 소비 그 자체가 상당하게 감소할 것입니다.

⑨정치는 마을에서 자치가 이루어지고, 지자체 합병으로 거대해졌던 행정단위들은, 인구 수백에서 수천 단위로 재편성됩니다. 국가는 마을연합의 형태가 되고 그 기능은 극히 제한적이 될 것입니다.

⑩수송기관은 주로 자가동력으로 움직이게 되고, 자동차는 제한된 분야에서만 사용됩니다.

⑪유기농업이 당연한 농법이 되고, 농약이나 화학비료는 최소한으로만 사용합니다. 농업기술은 생산성을 부정하고, 천지자연의 은혜가 오래 계속되도록 주의를 기울이는 것을 중심에 놓게됩니다.

⑫교육은 지역을 기반으로 재편성되고, 농사가 필수과목이 됩

니다.

⑬'자본주의의 유산'은 과거에 대한 향수를 불러일으키는 관광지가 됩니다.

⑭농사는 천지에 떠 있는 커다란 배로서, 모두 이 배에 함께 타고 있다는 사실을 자각하게 될 것입니다.

저라는 한 사람의 농본주의자가 그려본 미래상에 불과하지만, 황당무계하게 여겨지지 않고 현실적으로 느껴진다면 다행스럽겠습니다.

새로운 농본주의

― 새로운 상식

옛 농본주의의 재산을 계승해서 새로운 옷을 갈아입혀가면서 여기에까지 이르렀습니다.

사실, 새로운 농본주의가 필요한 시대가 되었다는 것은 반드시 좋은 일은 아닙니다. 농사의 본질(원리)을 잃어버렸기 때문에 농본주의가 일어나는 것이기 때문입니다.

1. 새로운 '천지자연관'과 '농업관'

현대사회에서 농사는 이상한 일로 보입니다. 인간의 뜻대로 되지도 않고, 게다가 바로 그런 점을 좋은 일이라고 여기기 때문입니다. 다른 산업과는 전혀 다른 독특한 세계를 품고 있습니다. 그런데 농사가 천지에 떠 있는 배라고 하면, 이 배에서 바라보는 시선에 대해서 이야기하지 않으면 안됩니다. 그리고 이 배로부터 천지자연을 바라봄으로써 이 배(농사)가 어떻게 천지에 떠 있는가도 분명해지게 될 것입니다.

'천지자연'을 대상화하지 않는다

'자연'이라는 말에도 문제의 뿌리가 있는 것은 확실합니다. 원래 'nature'란 신과 인간(인공물도 포함) 이외의 것을 가리키는 말이었기 때문에, 우리가 '자연'이라고 할 때에는 곧바로 외부로부터의 시선으로 자연을 대상화하여 보게 됩니다.

그런데도 많은 일본인들이 아직도 '인간도 자연의 일원'이라고 생각한다는 사실은 매우 흥미롭고 또 기쁜 일입니다. 왜냐하면 여전히 인간을 포함한 '천지'라는 의미로 '자연'이라는 말을 사용하고 있기 때문입니다. 이렇게 자연을 대상화하는 서양에서 온 과학교육을 받아도 천지자연의 근본은 바뀌지 않습니다.

일본인이 자연을 좋아하는 것은 자연환경 그 자체를 좋아해서이기도 하지만, '자연스러운 느낌' 때문이기도 합니다. 그런데 전자의 경우는 외부로부터 보는 것이지만 후자의 '자연스러운, 자연히, 자연의' 모습은 안으로부터 느끼는 것입니다.

농사는 '자연스럽게' 이루어지는 것입니다. 물론 사람 손이 필요한 인위적인 부분도 있지만 인위와 자연을 나누지 않고 천지라고 불렀던 일본에서는, 농민들의 농사일도 자연히 이루어졌습니다. 아니, 자연스럽게 되지 않으면 안되었습니다. 바로 그래서 농본주의에서는 무인트랙터나 날개 없는 무당벌레에 대해서 혐오감을 갖는 것입니다. 이러한 것들은 농사의 본질(원리)로부터 일탈된 것으로서, 자연이 아니기 때문입니다(이 경우에도 '자연'은 두 가지 의미를 모두 갖고 있습니다).

벼가 쑥쑥 자랍니다. 과학적으로 분석해서, 볏잎의 면적이 넓어져서 엽록소가 증가하고 양분의 합성 효율이 높아졌다고 설명을 할 때에는, 벼라고 하는 생명체의 목숨은 보이지 않습니다. 그 벼에 천지자연은 어떻게 관여했는지, 벼는 그것을 어떻게 받아들였는지, 그 전모를 알 수 없습니다. 하지만 매일 벼와 만나고, 벼를 바라보고 벼와 이야기를 하다 보면 알 것 같은 기분이 됩니다. 농사는 그러한 세계에서 이루어지는 것입니다.

천지의 은혜를 사유화하지 않는다

농산물을 판매하면 그 매출은 생산자인 농민 손에 들어갑니다. 그러니 다른 산업과 다를 것이 없지 않은가 하고 말할 것입니다. 그러나 농민은 농산물이 사람의 힘이 아니라 천지자연의 힘으로 만들어졌다(얻어졌다)는 사실을 알고 있기 때문에, 천지자연에 감사하는 마음을 담아서 보답합니다. 내년에도 마찬가지로 보살핌에 응하는 은혜를 받을 수 있도록 감사하는 것입니다. 농사일이란 감사 인사와 그 보답이기도 합니다. 이 점이 다른 산업과 크게 다른 점입니다.

게다가 농사는 돈이 되지 않는 것도 만들어냅니다. 이런 것들을 처음부터 제 것으로 삼는 농민은 없습니다. 현대적인 소유 개념에 따르면, 나의 논에서 태어난 고추잠자리는 나의 소유라고 주장할 수 있습니다. 내 논의 풍경은 내가 열심히 일해서 보기 좋은 모습이 된 것이고, 볏잎이 산들거리고 논두렁에 꽃이 흐드러지게 피는 광경이 만들어지는 것이지만, 누구나 공짜로 볼 수 있습니다.

논두렁에 앉아(농사라고 하는 배에 타서) 시원한 바람을 맞으며 수입쌀로 만든 도시락을 펼치는 사람이 있어도 "(논 풍경을) 당신에게는 보여주지 않습니다!"라고 거부하는 일은 없습니다. 농본주의자로서는 거부하고 싶은 기분도 있지만, 천지자연이 거부하지 않는다면 어쩔 도리가 없습니다. 대가를 지불하지 않는 사람에게는 공급하지 않는다는 발상 자체가 근대화(자본주의) 사회에서 생긴 발상이기 때문에, 그런 것을 따라 할 수는 없습니다.

즉, 농사라고 하는 배에는 누구나 공짜로 탈 수 있는 것입니다. 공짜로 타도 거부할 수 없습니다. 중요한 것은 농사라고 하는 배에 타고 있다는 사실을 모두 다 자각하는 것입니다. 하여간 어려운 것은 뒤로 미루고 일단 이 배에 타봅시다, 하고 호소하는 것입니다.

효율이라는 사고방식을 버리다

올챙이에게 말을 걸어봅니다. "일본에서는 말이야, 노동시간을 단축해서 생산성을 높이지 않으면 뒤처진다고 비난받는단다. 내가 너희들의 다리가 자랄 때까지의 35일간, 하루라도 물이 끊어지지 않도록 매일같이 아침저녁으로 이렇게 논을 돌아보는 건 알고 있지? 되도록 이런 시간을 줄이고 싶어서 그러는데, 한 2~3일만 빨리 다리가 자라나면 안될까? 그러면 논을 둘러보는 날짜를 줄일 수 있으니 말이야."

아마도 올챙이는 어이없어하면서 단호하게 거절할 테지요. 우리는 '생산성을 높인다'는 것이 천지자연에 상처를 입히는 것이라는 점에 대해서 눈을 감고 있습니다. 그 현실을 보고 싶지 않기 때문에 생명체 조사 같은 환경을 파악하는 기술의 개발에 대해서 소극적입니다. 정책적 지원도 빈약합니다. 환경직불금 제도에서도 일본이 뒤져 있다는 사실조차 자각하지 못합니다. 천지자연에 어떤 짐을 지우고 있는지 본체만체하는 것을 더이상 계속해서는 안됩니다.

전후에 일어났던, 농사와 관련된 운동 중에서 가장 깊이 근대

화에 대해서 비판한 유기농업 분야에까지도 효율에 대한 욕망이
남아 있습니다. "유기농업은 생산성이 낮다는 말을 듣지 않도록,
생산성이 높은 유기농업기술을 목표로 해야 한다"고 주장하는
사람도 있는데, 이들은 생명들의 목소리를 들어보면 좋을 것입니
다. 그런 사람들에게는 "농약이나 화학비료를 사용하지 않는 것
은 천지자연이 다치지 않도록 천지자연의 품에 안기기 위한 목적
이 아니었는가" 하고 대답하면 됩니다.

유기농업이나 자연농법, 저농약농법, 환경보전형 농업 등 여러
농법이 제안되고 실천되고 있는 것은 좋은 일입니다. 농사의 본
질을 제대로 지키고 근대화, 자본주의화를 극복해나가기 위해서
이러한 농법들이 분투하기를 바랍니다.

기심(機心)에 반대한다

저는 2,500년 전의 《장자》에 등장하는 농사꾼을 이따금 떠올
립니다. 그 농부는 채소에 물을 주기 위해서 저 아래 우물로 내려
가서 물을 길어 다시 올라와서 채소에 물을 주는 일을 되풀이하
고 있었습니다. 지나가던 공자의 제자가 보다 못해, "두레박을 사
용하면 효율이 몇 배나 좋아질 겁니다"라고 조언했습니다. 그러
자 그 농부는 이렇게 답합니다. "두레박이라면 저도 알고 있지만,
기심(機心)이 생겨서 쓰지 않으려고 합니다. 기심이 생기면 사람
이 태어나면서 가진 마음을 잃게 되고, 채소의 마음을 알지 못하
게 되기 때문입니다." 공자의 제자는 맥없이 물러납니다. '기심
(機心)'이란 기계에 의지하고 효율을 추구하는 마음을 이릅니다.

2,500년 전에 농사의 본질이 이렇게나 선명하게 표현되었다는 사실에 저는 감탄합니다. 장자는 효율을 추구하는 기심으로 인해서 사람이 자신의 본질을 잃어버린다고 경고하고 있는 것입니다. 인간의 본질을 잃게 되면 농사의 본질도 알지 못하게 된다고 말합니다. 인간은 편하고 안이하고 편리한 쪽으로 쏠리게 마련이지만, 천지는 (농)작물을 통해서 우리에게 그런 것을 거부하라고 말하는 듯합니다.

따라서 기심이 장려되고 창궐하는 현대에서, 이 2,500년 전 농부의 '반(反)기심'이야말로 근대화와 자본주의화에 저항하고 대항해서 반격하는 근거가 될 것입니다. 채소의 마음은 천지의 마음이기도 할 것입니다. 농사는 이렇게나 깊고 방대한 것입니다. 그러니 사람이 이런 농사의 세계를 동경하는 것은 조금도 이상한 일이 아닙니다.

그리고 농부의 말을 듣고 그대로 물러난 공자의 제자도 대단합니다. 농부가 하는 말의 위대함을 알아차렸기 때문입니다. 그런데 2,500년 후 현대의 공자의 제자들은 좀처럼 물러가지를 않습니다.

인간도 생명체

그러면 인간의 본질은 무엇일까요? 천지자연 아래에서는 인간도 생명체입니다. 일반적으로 '생명체'라고 할 때 인간을 제외하는 것은 근대의 왜곡된 관점입니다. 이것을 증명하는 것도 농본주의가 인간중심주의를 극복해가기 위해서 필요한 일입니다.

벌레가 꽃을 좋아하는 것은 벌레와 꽃 저마다 이유가 있기 때문이라고 현대인들은 생각합니다. 벌레는 꿀을 찾고, 꽃은 수정에 도움을 받기 위해서라고 말입니다. 그러나 이러한 합리적인 사고법으로는 사람이 꽃을 좋아하는 이유를 설명하지 못합니다. 역사적으로 보아도 농민들이 들판의 꽃을 가장 좋아했습니다. 직접 접하는 시간이 압도적으로 길어서이고, 또 그 삶(生)과 농밀하게 연관되었기 때문입니다.

논두렁의 풀은 꽃무릇 꽃이 피기 전에 한번 베어내고, 꽃이 지고 잎이 나기 전에 다시 한번 풀베기를 하기 때문에, 그 꽃이 더 눈에 띄고 잎도 잘 자랍니다. 풀 베는 시기가 조금만 어그러져도 꽃이나 잎을 베기 십상입니다. 풀을 베지 않고 잡초로 더부룩한 논두렁에 피어 있는 꽃무릇 꽃은 가여워 보입니다. 이렇게 꽃 피는 시기에 맞춰서 풀베기를 하는 것은 농부들이 꽃을 좋아하기 때문입니다.

농민(인간)이 꽃을 좋아하는 것은 인간도 생명체이기 때문입니다. 물론 합리적인 설명이 되지는 않지만 그렇게 느낍니다. 또한 농사는 농민의 꽃에 대한 시선을 더 강하게 만들었습니다. 꽃이 피지 않으면 열매가 열리지 않는다, 씨앗을 얻을 수 없다는 식의 이야기를 하는 것이 아닙니다. 농사가 시작되고 나서 사람은 그 이전보다 많은 꽃들에 둘러싸여서 일을 하게 되었기 때문입니다. 농사는 천지자연에 은혜를 되풀이해서 부탁하고 매년 같은 일을 되풀이하는 것이기 때문에, 매년 같은 꽃을 만나게 됩니다. 사람이 만나게 되지 않는 꽃은 꽃이라고 부르지 않습니다.

사람도 생명체라고 하면, 먹거리도 생명체, 풍경도 생명체, 물이나 강, 산, 구름이나 하늘도 생명체로 생각하게 됩니다. 천지자연이 살아 있는 생물인 것입니다. 그렇습니다. '천지유정'이라는 감각은 농사로부터 생겨난 것입니다.

자신을 버리다

그런데 인간은 점차 자신도 생명체라는 사실을 잊어버립니다. 인간이라는 사실이 싫어지는 때도 있습니다. '자신을 버리는' 것은 성인들만 도달하는 세계가 아니라 우리 범인들도 그런 기분을 맛보는 경우가 제법 많습니다. 이 경우의 '자신'이란, 자아나 에고, 번뇌나 얽매임을 의미합니다. 별로 좋은 의미는 아닙니다. 즉 갓 태어난 생명체로서의 인간이 아니라, 뒤틀어지고 더러워진 부분을 버리고 싶다고 생각하는 기분은 누구라도 가지고 있습니다.

그런데 천지자연을 상대로 하며 그 품 안에 있노라면, 때로는 자신을 잊는 것만이 아니라 욕망에 얽매인 자신을 버린 듯한 기분이 됩니다. 자기 자신을 천지로부터 보고 있는 듯한 기묘한 시점에 서는 경우가 있습니다.

사이고 다카모리(西鄉隆盛)가 학문의 목적으로 삼은 '경천애인(敬天愛人)'이나 나쓰메 소세키(夏目漱石)가 문학과 인생의 이상으로 삼았던 경지인 '칙천거사(則天去私, 하늘의 뜻을 따르고 사심(나)을 버린다는 뜻)'에서 보듯이, 천지가 인간을 이끌어준다고 본 사람들은 많습니다. 천연, 천명, 천수, 천재, 천애, 천운 등의 말들도 인간을 배제하고 있습니다. 에도시대의 농민, 미야자키 야스

사다(宮崎安貞, 제가 사는 지역에서 가까운 곳에 살았습니다)는 《농업전서》(1697)의 첫머리에 이렇게 쓰고 있습니다.

농민의 경작은 그 이치가 지극히 깊다. 벼를 만드는 것은 하늘이다. 그것을 기르는 것은 땅이다. 사람은 그 가운데에서 하늘의 기운과 땅의 의향에 따라 때에 맞춰서 경작에 힘쓴다. 이러한 노력 없이는 천지가 내고 기른 것을 얻지 못함이리라.

천지가 생명을 기르는 것이지 인간이 기르는 것이 아니다, 그러나 농민이 천지를 따르지 않으면 천지의 힘은 나타나지 않는다는 의미입니다. 농민은 천지 속에서 살아간다는 실감이 가득합니다. 그렇습니다. 이것이 농본주의의 제3원리입니다. 이런 관점을 가지게 되면 언제든 자기 자신을 버리고 그리고 다시 '인간'으로 돌아갈 수 있습니다. 농사라고 하는 배는 그것이 언제나, 그래서 당연하게 되는 그런 공간(場)입니다. 그리고 바로 농사라는 배를 띄워주고 있기 때문에 천지는 그렇게나 대단한 것입니다.

천지자연의 지휘

모내기를 하면 모가 남아서 불가피하게 버리게 됩니다. 씨를 뿌린 채소도 솎아내지 않으면 안됩니다. 기르던 가축도 죽이지 않으면 안됩니다. 불쌍하지만 달리 방법이 없는 일입니다. 그렇지만 쌀이나 채소, 고기를 먹을 때 사람들이 이런 슬픔을 떠올리는 일은 좀처럼 없을 것입니다. 농민들이 그 전부를 짊어지기 때문입니다. 그리고 농민이 이런 짐을 짊어지면서도 고민하지 않아도 되는 것은, 천지가 이들을 살며시 품어주기 때문이라고밖에 할 수 없습니다.

일반인이 모내기를 해도 벼는 잘 자랍니다. 천지자연이 길러주기 때문입니다. 모내기를 하던 아이들이 묻습니다. "논에는 왜 이렇게나 많은 생명체들이 있어요?" 천지자연이 생명을 길러내고 있다는 것은 알지만, 왜 이렇게나 많은 생명체들을 기르는지 우리 인간은 모릅니다. "생명들에게 물어보렴"이라고 대답할 수밖에 없습니다.

농사는 불가사의한 일입니다. 사람이 생각해낸 것으로는 도저히 생각할 수 없는 일들이 많습니다. 예를 들어, 벼는 원래는 숲속 음지에서 자라는 풀이었다고 합니다. 그런데 보십시오, 물속에서 더위에도 아랑곳하지 않고 자라서 그렇게나 커다란 쌀알이 여뭅니다. 저는 야생의 벼를 본 적이 있어서 더 그런 생각이 듭니다. 그렇게 1만 년이 경과했는데, 이것은 사람의 힘으로 '개량'한 것이 아니라 천지의 지휘였는지도 모릅니다.

우리에게 천지자연의 모습은 잘 보이지만, 천지자연의 지휘는 아무리 과학이 발달해도 알 수 없습니다. 다만 생명체들이 그것을 전해주고 있는 것 같습니다. 모내기를 하고 나면 금방 고추잠자리들이 마치 기다리기라도 한 것처럼 산란하기 시작합니다. 농사를 처음 짓기 시작하던 무렵에는 저는 고추잠자리를 위해서 모내기를 하는 것 같다는 기분이 들곤 했습니다. 그 시절에 지은 노래입니다.

여름 오면 모를 내게 하는 고추잠자리
나도 천지의 사자(使者)가 되고 싶구나

농민이 아닌 사람들까지 농사를 동경하는 것은, 농사에는 인간의 지혜를 넘어서는 것이 있다고 느끼기 때문일 것입니다. 왜냐하면 농사는 천지자연의 일부이고, 깊은 곳에서 사람의 힘이 아닌 것에 의해서 운행되고 있기 때문입니다. 그래서 농민은 '자연에서(자연스럽게) 살아가는' 것으로 보이는 것입니다. 농사를 동경하는 것은 생명체로서 자연스러운 감정인 것입니다.

2. 보잘것없는 인생이 사회적 가치를 갖는 이유

농민은 자신의 인생에 사회적 가치가 있다고 평가받기를 원하지 않습니다. 그러나 농민이 어떻게 생각하든, 천지자연을 지탱하는 역할은 사회적으로 평가받게 됩니다. 농민은 마치 한 사람한 사람이 천지를 지탱하는 인간으로서, 천지의 사명을 띠고 이세상에 온 존재들 같습니다.

경쟁하지 않기를 선택하다

경연대회는 기준을 정해서 가치를 매기기 위해서 열리는 행사입니다. 즐기기 위해서 한다면 그것도 좋겠지만, 현대 일본에서는 대부분의 경쟁이 경제적 가치로 수렴합니다. 경쟁하지 않는삶의 방식은 경쟁하며 살아가는 방식보다 실천하기가 어려워졌습니다. 그런데 천지자연의 돈이 되지 않는 세계는 본래 경쟁을 거부합니다.

논에서 태어나는 고추잠자리 수를 두고 경쟁하는 것은 허망한 일입니다. 저는 매년 모내기를 하고 난 다음의 35일부터 45일까지, 매일 아침마다 부화한 고추잠자리 유충의 허물을 세어보는데 그 수는 매년 크게 달라집니다. 그 이유는 저도 모릅니다. 천지는 알고 있을 테지만 저에게 가르쳐주지 않습니다. 이런 사정인데, 예컨대 '전국 고추잠자리 부화 수 경연대회'라는 행사가 있다면 재미는 있을지 모르지만 경쟁은 되지 않습니다.

지금 농민들조차도 생산지 간의 경쟁이 당연하다고 생각합니다. 그러나 그것은 품질이나 기술을 겨루는 것처럼 보이지만, 결국 경제적 가치로 결정됩니다. 한편 자본주의에서는 시장을 국경으로 나누는 것이 과도기적인 방식으로 되어 있어서, 오늘날의 금융시장만큼 노골적이지는 않지만 자본주의는 일관되게 농산물 시장의 세계화를 목표로 해왔습니다.

이에 비해 농본주의는 외국과도 경쟁을 원하지 않고, 국내에서도 경쟁을 그만두려고 합니다. 그 이유는 명백합니다. 천지자연의 힘으로 그 은혜를 받는 입장에서, 천지자연을 무시하고 사람의 힘만을 서로 경쟁하는 것은 천지자연에 대한 무례입니다. 인간의 교만입니다. 이것은 천지자연에 끼치는 피해는 생각도 하지 않고, 천지자연이 다치는 것에 대해서도 전혀 고려하지 않는 일입니다.

쌀의 수요와 공급이 균형을 이루고 있는 후쿠오카현에도 다른 현에서 쌀을 팔러 옵니다. 그 결과 남아돌게 된 후쿠오카산 쌀은 다시 오키나와현 등지로 팔려가는 등 '세계경제'의 연습을 국내에서 하고 있는 것 같은 모양새입니다.

천지에 묻혀서 살고 죽어간다

농사를 짓고 살다 보면, '자아실현'과는 가장 거리가 먼 세계에서 살고 있는 것 같은 기분이 됩니다. 세상으로부터 인정받고 스스로 자부심을 가지는 것에 삶의 보람을 느끼는 인생은 그렇게 좋은 인생이라고 생각되지 않습니다. 여기서 '세상'이란 자본주의사회일 테고, 자기 자신에 대해 자부심을 갖는 기준도 자본주의의 기준에서 재는 것에 불과합니다.

농민이 가장 행복을 느낄 때는, 천지자연에 몰입해서 행복한지 어떤지조차 잊게 되는 때입니다. 자신이 인간이라는 사실조차 잊은 상태가 가장 행복한 것이라고 하면, 자아실현 따위는 그림자도 남지 않습니다. 농민이 신경을 기울이는 것은 자신에 대해서보다 천지자연에 대해서입니다.

올해는 올챙이가 적구나, 고추잠자리가 적구나, 하고 신경을 쓰게 되는 해가 있습니다. 그러다가 이듬해가 되어서 정상으로 돌아오면 깊은 안도감에 휩싸입니다. 에도시대의 승려 료칸(良寛)이 죽음에 임해서 남긴 시는 농민의 감성에 딱 들어맞습니다.

세상에 남길 것이 무엇이 있을까. 봄이 되면 꽃이 피고, 여름 산에는 두견새 울고, 가을에는 단풍이 질 뿐이네.

유품으로 남길 것은 아무것도 없지만 적어도 천지의 사계절 그때마다의 유정만큼은 남길 수 있을까, 라는 것입니다. 농민이라면 천지의 일부로 논밭이나 산이 들어가겠지요. 한 사회의 토대가 되어서 살다가 죽어가는 것은 이런 것이 아닐까요?

그저 이어갈 뿐

선인들이 고안해낸 '톱니바퀴'를 계승했기 때문에 '발전기'나 '자동차'가 태어날 수 있었습니다. 선인들이 발견한 '불'을 계승했기 때문에 '기름'이나 '가스'를 이용할 수 있게 되었습니다. 선인들이 천지자연과 사람이 관계를 맺는 방식, 즉 '농사'를 창조했기 때문에 우리는 천지를 계승할 수 있었습니다. 뭐라고? 천지를 계승하다니 무슨 소리냐, 하고 생각할지도 모르겠습니다.

농사는 천지를 이어가는 방식이라고 해도 좋을 것입니다. 천지에 떠 있는 배가 언제까지나 떠 있을 수 있도록 농민들은 천지에 보조를 맞춰 열심히 일합니다. 한 사람 한 사람의 농민의 힘은 미미하지만 그것을 모으면 천지도 응답해줍니다. 최근 알게 된 외부로부터의 관점으로 감동적인 이야기를 소개하겠습니다.

아시아 몬순기후란 인도양에서 발생한 수증기가 히말라야산맥에 부딪혀서 구름이 되고, 서풍으로 인해서 동남아시아에 비를 뿌리게 되는 것인데, 아시아의 논들이 이 수증기 발생을 촉진해서 구름이 많아지고 비도 많아졌다고 합니다. 이렇게 천지는 농민들은 알지 못하지만 제대로 응답해주고 있습니다. 우리 논 위에 내리는 비가 아시아의 다른 농민들이 보내준 것이라고 생각하니 고마운 일입니다. 그리고 저희 집 논으로부터 하늘로 올라간 수증기는 다시 어딘가에서 비가 되어서 대지를 살찌울 것입니다.

그러고 보면 고추잠자리나 제비(그리고 멸구라는 벌레도)도 매년 동남아시아로부터 건너오니까, 천지를 잇는다는 것은 인간의 지각 범위를 넘는 규모인 것입니다. 홋카이도에서 보이는 잠자리는 실은 저희 집 논에서 태어나서 먼 여정을 거쳐서 그곳에 다다른 것입니다. 그러나 확인할 길은 없습니다. 농부인 저는 논 위를 날아다니는 고추잠자리와 그런 이야기를 나눌 뿐입니다.

농민은 마을의 천지를 이어갈 뿐이고, 천지가 그것을 널리 세계로 넓혀줍니다. 이 거대한 규모에 경의를 표합니다.

3. 새로운 농본주의가 고요히 존재하다

언젠가 농사의 위기가 사라지고 농본주의가 당연한 것이 되면, 의식하지도 않게 되고 사상으로서도 별것 아닌 것이 되어서 그저 존재하는 것이 될 것입니다.

당신 자신만의 것이면 된다

지금까지 농본주의라고 하는 사고방식, 삶의 방식이 있다고 말해왔지만, 저의 몸으로 체득한 것에 한해서 표현할 수밖에 없다는 점은 어쩔 도리가 없습니다. 한 사람 한 사람의 농본주의라는 것이 당연히 있을 것입니다. 또 그것은 농민이 아닌 사람도 가질 수 있는 것입니다. 그래도 무언가 공통적인 것이 있을 것입니다.

주의나 주장은 서로의 차이점을 강조하고 자신이 더 뛰어나다고 주장하려고 합니다. 따라서 앞으로의 농본주의자들이 도당을 만들 것으로는 생각하지 않습니다. 1920년대 말의 농본주의자들이 이합집산을 반복하며 마음까지 소모한 것을 알기 때문입니다.

한 사람 한 사람의 농본주의로 좋습니다. '운동'이 되어버리면 다른 사람에게 맞추어야 하고, 지치게 됩니다. 한 사람 한 사람의 것이라면 자유롭게 시공을 초월하고 인간을 초월해서 천지자연 속에서 날아다닐 수 있습니다. 한 사람 한 사람이 자유롭게 연결되고 느슨하게 서로를 지탱해주면 그것으로 됩니다.

사회 구상은 천지자연과 당신 사이에 있다

미래 예측은 기존의 데이터로부터 나오는 것이기 때문에, 현시점에서는 일단 객관적인 것입니다. 혹 상당히 빗나가더라도 책임져야 할 사람은 없습니다. 한편 미래 구상이나 사회 구상은 개인적인 것입니다. 이렇게 하고 싶다거나, 이렇게 되었으면 좋겠다고 하는 그 사람의 바람의 결실이기 때문에, 맞을지 틀릴지의 문제가 아닙니다. 자신이 미래를 위해서 무엇을 할지, 미래의 사람들이 그것을 기뻐할지 또는 무시할지가 중요합니다.

지금까지는 농민들이 생각하는 미래에 대한 구상 같은 것은 발표되는 일이 드물었습니다. 그 사람이 가족이나 친구에게 말하면 그것으로 끝이었습니다. 게다가 그 대부분은 마을의 천지자연과 사람의 관계에 대한 것이기 때문에 다른 사람에게 보여줄 필요도 없었습니다.

그런데도 정부나 지자체는 마음대로 '마스터플랜' 따위를 계획합니다. 각각의 마을에서 직접 미래 구상을 세우도록 지원하고 그것들을 모아서 정리해서 행정단위의 계획으로 삼는다면 좋을 텐데, 처음부터 행정단위로 계획을 세웁니다. 이것을 이상하다고 우리가 느끼지 못하는 것은, 지자체가 중앙정부 스타일을 모방하기 때문입니다.

그러므로 마스터플랜은 철두철미하게 외부로부터의 시선에 의해서 만들어집니다. 그러나 이렇게 해서는 내부의 시각에서 천지유정의 미래를 그릴 수 없습니다. 농민들이 '마스터플랜'을 가볍게 여기는 까닭은, 이것은 천지자연과 자신 간의 '계약'에 비하면 너무나 경박하게 느껴지기 때문입니다. 천지자연이 그리는 미래는 천지자연과 마을 한 사람 한 사람 사이에 성립한 계약 같은 것이므로, 마음속에 묻어두고 이따금 반추하는 것입니다.

새로운 농본주의의 표현

'농사'를 농업으로만 논하는 것에는 이제 넌더리가 납니다. 그러나 '농사'를 '농사'로 논하는 것은 예상외로 어려운 일입니다. 왜냐하면 우선 안으로부터의 관점에서 농사를 논하는 것은 개인적인 생각에 지나지 않는다고 여겨집니다. 보편성이나 합리성이 없다고, 사람들이 '주의'나 '사상'으로 인정하지 않습니다. 하지만 그것으로 좋습니다.

농사의 본질은 너무나 당연한 것이 되어 있어서 다른 사람에게 전달하려는 충동이 일어나기 힘듭니다. "올해도 개구리들이 울기 시작했다, 써레질이 시작되는구나" 같은 말을 일부러 할 필요가 없었습니다. 그러나 개구리도 줄고, 개구리 울음소리의 의미도 가치도 알지 못하게 되면, "개구리 울음소리가 농사의 본질이다, 써레질, 모내기를 하지 않으면 울지 않으니까 말이다"라고 말하지 않으면 안됩니다. "개구리 울음소리는 쌀과 함께 수입할 수 없습니다"라는 것도 농사의 표현이고, 농본주의의 언설이 되는 것입니다.

또 농사를 표현하는 일이 어려운 까닭은, 안으로부터의 관점을 표현하는 것인데도 외부로부터의 관점에 따른 말을 사용하지 않으면 표현이 부족하기 때문입니다. 자본주의의 용어를 사용하지 않으면 자본주의를 비판할 수 없고, 농사의 정애(情愛)나 정념(情念)을 말하려고 해도 일상적으로 말하는 것이 아니기 때문에 결국 표준어를 사용하게 됩니다. 농사일이라면 몰라도 농업기술은 관제 용어를 사용해야만 표현할 수 있습니다. 이것은 고민이 되는 문제입니다.

중요한 것은 용어가 아닙니다. 안으로부터의 관점을 외부의 용어로 말했다고 해도 이는 내외의 관점이 서로 교차하고 있다고 자각하는 것이 중요합니다. 어떻게 깊고 풍요롭게 안으로부터의 관점을 말하는가가 중요합니다. 이 책도 바로 그런 시도의 하나입니다.

새로운 '전통'이란

'전통'이란 일본어는 메이지시대에 생겼습니다. 근대화의 과정에서 그때까지의 삶의 방식이나 기술, 문화가 무너지기 시작하면서 이것들을 지키려는 운동이 시작되었을 때, 사라져가는 것들 중에서 사라져서는 안되는 것들에 바치는 용어로서 만들어진 것입니다.

1927년에 아카사카 별궁의 한편을 개간해서 처음으로 천황이 모내기를 했습니다(이듬해에 황궁으로 이전). 다카마노하라(高天原, 일본 신화의 천상계)에서는 벼농사를 했으니까 고대의 신들은 모내기를 했겠지만, 실재하는 천황이 모내기를 한 것은 사상 최초가 아니었을까요? 쇼와천황의 진의는 알 수 없지만 아마도 새로운 전통을 만들고 싶었던 것은 아닐까요? 어쩌면 쇼와천황이 농본주의자 곤도 세이쿄의 《자치민범》의 다음 구절을 읽었을지도 모르겠습니다.

천황도 친히 논을 갈고 황후도 실을 짜는 것은, 실로 우리나라의 태고의 모습이었다.

쇼와천황은 메이지 이후의 근대적 천황제를 자신이 만든 전통을 통해서 일본에 정착시키려고 노력한 사람이었습니다. 그런데 '전통'이라고 한 이상, 앞으로 계승해나가야 할 것이라는 각오를 보여주지 않으면 안됩니다. 그만두면 '유산'으로 몰락하고 전통이 아니게 되니 말입니다.

그런데 우리는 농사의 근대화 과정에서 지키고 이어가야 할 것들을 얼마나 전통으로 삼아왔을까요? 위기감이나 각오가 부족했던 것 같습니다. 시대에 뒤처진 예전의 풍물만을 전통이라고 부르는 정도의 각오로는 물건들만 형태 그대로 보전될 수 있을 것입니다. 그럼 형태가 없는 온갖 것들을 전통으로 만들 수는 없는 것일까요?

지금부터의 '전통'을 만들다

그러기 위해선 우선 전통이 되어야 할 '모체'를 파괴하는 것들에 저항하는 일로부터 시작해야 합니다. 그 저항의 과정에서 생겨나는 것이 '전통'이 되는 것입니다. 예를 들어 가타카나 표기로 '우스바키톤보'(된장잠자리)라고 했을 때 "아, 그 잠자리 말이구나" 하며 곧바로 떠올릴 수 있는 농민은 거의 없을 것입니다. 그러나 정령잠자리(고추잠자리)라고 하면 금방 떠올립니다(일본의 학계는 생물 이름을 가타카나 표기로 통일하려고 하고 있는데, 전통이 이어지는 것보다 근대화가 더 중요한 모양입니다).

모내기 후 40~45일이 지나면 마을 하늘에는 갑자기 엄청난 수의 고추잠자리가 날아다니게 됩니다. 딱 오봉(お盆, 음력 7월 보름)을 앞둔 시기입니다. '정령잠자리', '오봉잠자리' 같은 이름에는 "아, 이 잠자리들이 선조의 혼을 업고 와주었구나"라고 느끼는 마음이 들어 있습니다.

일본 고추잠자리 중에서 50퍼센트 정도가 서일본에 많은 이 정령잠자리이고, 40퍼센트는 동일본에 많은 고추좀잠자리라고 알려져왔습니다. 둘 다 논에서 태어납니다(정령잠자리와 오봉잠자리는 일본 본토에서는 겨울을 나지 못하고 매년 동남아시아로부터 날아와서 모내기 후에 논에 알을 낳습니다). 농민이 논에 가면 다가오는, 사람에게 친밀한 잠자리입니다. 농민들은 늘 이 잠자리들에 둘러싸여서 생활했습니다. 고추잠자리에 대한 정애는 전통이 될 만합니다.

그런데 젊은 농민에게 "고추잠자리를 좋아하나?"라고 물으면 "특별히 생각하는 바가 없다"는 대답이 압도적으로 많아졌습니다. 현재 고추좀잠자리가 급격하게 줄고 있습니다. 그러나 이런 현상에 대해서 농업 관계자들은 환태평양경제동반자협정(TPP)에 대한 위기감에 비하면 조금도 위기를 느끼지 않을 것입니다. 그래서 저는 고추잠자리를 '전통'으로 만들기 위한 노력을 벌써 20년 이상 해오고 있습니다. "일본에서 태어나는 고추잠자리는 많은 해에는 200억 마리 이상입니다, 그 99퍼센트가 논에서 태어납니다"라고 제가 계속 말해온 것은, 이 잠자리를 향하게 되는 시선을 '전통'으로 만들기 위해서였습니다.

100년 후에도 계승할 만한 가치가 있는 것들은 돈이 되지 않는 모든 것일 터입니다. 100년 후에는, 현대의 농업에 대해서 이렇게 돌이킬 것입니다. "자본주의에 맞추어야 한다고 생각하는 농민들이 다수를 차지한 슬픈 시대였다. 그러나 그들은 자본주의에 맞추면서도 맞추어서는 안되는 세계와 논리를 마침내 찾아내서, 어떻게든 전통으로 만들어 남기려고 해주었다."

농본주의가 해야 할 일의 하나는 새로운 전통의 창조입니다. 일본 각지에 조용히 퍼지고 있는 '논 생명체 조사'는, 농사일 속에서 생명에 대한 시선을 강화하는 수단입니다. 따라서 데이터

수집이 목적이 아닙니다. 매일의 농사일 속에 편입되어, 일의 토대로서 새로운 전통으로 삼아야 하는 것입니다. 거기서 눈을 마주치는 생명들이 그것을 요청하고 있기 때문입니다.

4. 농사는 천지에 떠 있는 커다란 배이다

계속 되풀이해 말해왔지만 '농사는 천지에 뜬 커다란 배'입니다. 이 배는 사람의 힘으로 움직이는 것이 아닙니다. 천지자연의 힘으로 움직이고, 천지의 지휘로 방향을 바꿉니다.

어째서 농사라는 배를 타고 있다는 사실을 잊었는가

'농사는 천지에 뜬 커다란 배'라는 표현은, 농사와 농업의 차이를 그림으로 설명하면서 생각해낸 것입니다. "커다란 연못에 보트가 떠 있다고 상상해보자. 보트가 농업이고, 보트를 포함한 연못 전체가 농사다"라고 설명했습니다. 이것은 알기 쉬운 비유였지만, 다음으로 농사와 천지자연의 관계를 설명하려고 하다 보니 이 그림으로는 설명이 안된다는 것을 알게 되었습니다. 그래서 천지에 떠 있는 배(농사)가 보트(농업)를 싣고 있는 그림을 생각해냈습니다(25쪽의 그림).

농본주의는 농사를 '농업'이 아니라 '농사'로 보는 관점을 되찾는 것입니다. 분명히 농업은 농사라는 배의 일부인데, 그것을 농사의 전부로 만들려고 하는 근대화주의자들의 책략은 실패했습니다. 근대화란 '농사의 농업화(산업화)였구나'라는 것을 현대의 농민은 느끼고 있습니다. 농사의 '자본주의화'였다고 바꾸어 말하면 근대화의 본질이 더욱 확실해집니다.

그러나 이상한 일입니다. 아무리 농사를 돈으로 바꾸려 해도, 아무리 근대화하려 해도, 그렇게 하면 할수록 그게 되지 않는 세계가 보이게 되니 말입니다. 농사에는 근대화할 수 없는, 즉 시장경제로 평가할 수 없는 세계가 있다, 아니 그런 세계야말로 농사의 본질이라는 깨달음은 결코 황당무계한 것이 아닙니다.

예전에 후쿠오카시에서 가뭄을 해소하고자 시내의 모내기용 물을 사들였던 적이 있습니다. 물론 그해에는 모내기가 전면적으로 중지되었습니다. 그러자 그해 여름 시민들로부터 "더워 죽겠다, 푸른 벼도, 물도 안 보인다"고 불평이 빗발쳤습니다. 농사라는 배는 시원한 바람과 녹색의 풍경도 태우고 있었던 것입니다.

그러나 이 배에 타고 있다는 사실을, 우리는 근대화 과정에서 잊어버리게 된 것은 아닐까요? 그것은 산업으로서의 농업만 주목하게 되었기 때문입니다. 농본주의자는 이렇게 좁아진 우리의 시야를 원래대로 되돌리기 위해 주장하는 것입니다.

이 배는 어디를 향하는 것인가

이 배(농사)에는 근대적인 엔진이라는 것이 장착되어 있지 않습니다. 그럴 필요가 없기 때문입니다. 그런데 싣고 있던 보트(농업)에 자본주의라는 엔진을 달아서, 농사라는 배의 앞에서 로프로 끌어당겨 속도(효율)를 올려 다른 산업들과 경쟁시키려고 한 것이 '근대화·산업화·자본주의화'였습니다. 천지자연이 곤혹스러워 한 것도 무리가 아닙니다.

이 배의 움직임은 천지자연에 맡기는 수밖에 없습니다. 물론 농민이 천천히 노를 저어도 좋겠지만, 그것도 천지자연 법의 범위의 속도를 벗어나는 일은 없습니다. 짧은 시간이었지만 '근대'라고 하는 이상하고 해괴한 시대가 끝나려고 하고 있습니다. 미래를 비관할 필요는 없습니다. 이 큰 배에 타고 있으면 1,000년 후는 몰라도 적어도 100년 후는 내다볼 수 있습니다.

그럼 이 배는 어디를 향해 가는 것일까요? 배에게 물어보라고 할 수밖에 없습니다. 그렇습니다. 이 배 또한 살아 있는 것이니, 역시 천지자연에게 물어볼 수밖에 없습니다.

농본주의자란 '모두 농사라고 하는 이 배에 타고 있다'고 조용히 단언하는 사람입니다. 이 책을 읽는 분들이 '그렇구나, 이 배에 타고 있다는 사실을 자각하는 순간 농본주의자가 되는 것이구나'라고 깨닫게 된다면, 이 책은 역할을 다한 것일 터입니다.

마치며

 입문서를 쓸 작정이었는데 상당히 깊이 있는 것이 되었습니다. 농본주의에 대해서는 저로서는 더이상 쓸 것이 없다고 생각할 정도입니다. 농민을 대상으로 한 책밖에 쓰지 않았던 제가, 일반 독자를 대상으로 농본주의에 관한 책을 쓰게 될 것이라고는 생각지도 못했습니다. 그렇다고 특별히 다르게 쓰지는 않았습니다. '농사의 본질'은 농민이 아닌 사람에게도 의외로 알기 쉬운 세계가 아닌가 하고 느끼기 때문입니다.

 논밭을 본 적이 없는 사람이나 먹거리의 산지를 전혀 모르는 사람은 아마 이 나라에 없을 것입니다. 이 책을 읽으며 논 풍경을 떠올리고 먹거리의 고향을 생각하면서, 천지자연과 인간의 관계를 더욱 깊게 만드는 것은 기쁜 일이라는 것을 실감하셨을지 모르겠습니다.

 올해도 저는 매일 아침 논을 둘러보면서 20일 동안 고추잠자리가 벗어 놓은 허물을 조사했습니다. 합계를 내니 240줄기에 29마리였으니까 10아르에는 1,900마리가 됩니다. 많지도 적지도 않은 해였습니다. 이 풍경에 어떤 의미나 가치가 없어도 상관없습니다. 저만의 세계로서, 앞으로도 계속해서 되풀이되기만 한다면 충분합니다.

그런데 이런 어디에나 있는 세계(농사의 본질)를 '없어도 되는' '쓸데없는 가치'라고 잘라내 버린다면, 농본주의자들이 나설 수밖에 없습니다. 고추잠자리의 적(敵)은 눈에는 잘 보이지 않습니다. 그것을 보이게 만드는 것이 농본주의입니다.

대규모로 농업을 경영하는 친구가 이렇게 말합니다. "네가 말하는 농본주의에 공감한다. 하지만 나를 포함한 대부분의 농민들이 자본주의 경쟁사회에서 살아남기 위해 악전고투하고 있다." "응, 잘 알지, 농업 경영도 슬프지" 하고 저는 답합니다. 농업은 농사에는 없는 슬픔도 짊어지고 있습니다.

'농사'라고 하는 배에는 자본주의에서 낙오되지 않으려고 열심히 분투하고 있는 '농업'도 타고 있습니다. 자본주의 말기의 힘든 시절을 이 배는 건너고 있는 것입니다. 가능한 한 많은 사람과 생명(유정)을 태우고 싶다고 바라면서 말입니다.

이 책은 친구인 이와모토 아키히사(岩本明久) 씨가 야마시타 유스케(山下祐介) 씨를 소개해주고, 다시 야마시타 씨가 지쿠마쇼보(筑摩書房) 출판사의 마츠다 겐(松田健) 씨에게 저를 추천한 것이 계기가 되어 세상에 나왔습니다. 이 세 분과의 만남을 고맙게 생각합니다. 그리고 구체적인 편집을 담당해준 하시모토 요스케(橋本陽介) 씨, 또 함께 농사를 지으면서 원고를 봐준 아내 기미요(公代)에게 감사의 인사를 전합니다.

저자

우네 유타카(宇根豊)

1950년 나가사키현 출생. 농(農)사상가·저술가. 농학 박사. 현역 농부. 농림수산성생물다양성전략검토회 위원. 후쿠오카현경관심의회 위원. 농업보급학회 이사. 도쿄농업대학 객원교수.

1973년부터 후쿠오카현 농업개량보급원으로 근무하면서 농가에 농업기술을 지도하다가 1978년부터 '농약 사용 줄이기' 운동을 전개하고, 1989년부터 직접 농사를 짓기 시작했다. 2000년 후쿠오카현 공직에서 퇴직한 뒤 2001년 NPO법인 '농사와 자연의 연구소'를 설립하여 대표이사를 지냈다(이 단체는 2010년 해산하여 현재는 임의단체로서 활동하고 있다).

주요 저서로 《저농약 벼 만들기》, 《농사일이 자연을 만든다》, 《천지유정의 농학》, 《농사는 과거와 미래를 잇는다》, 《농민학 선언》, 《논의 생물과 농업의 마음》, 《풍경의 사상》, 《일본인에게 있어서 자연이란 무엇인가》 등이 있다.

역자

김형수

1974년 서울 출생. 연세대학교 사학과 졸업. 일본 도호쿠(東北)대학 국제문화연구과 대학원 박사과정(일본 근대 사상사) 수료.

역서로 《삶을 위한 학교》(공역), 《자급을 다시 생각한다》(공역)가 있다.

농본주의를 말한다

2021년 3월 12일 초판 제1쇄 발행

저자 우네 유타카
역자 김형수
발행처 녹색평론사

주소 서울시 종로구 돈화문로 94 동원빌딩 501호
전화 02-738-0663, 0666
팩스 02-737-6168
웹사이트 www.greenreview.co.kr
이메일 editor@greenreview.co.kr
출판등록 1991년 9월 17일 제6-36호

ISBN 978-89-90274-88-5 04100
ISBN 978-89-90274-57-1(세트)

값 11,000원